남부 유럽 도시 기행

남부 유럽 도시 기행

초판 1쇄 발행 **2020년 3월 23일**
초판 2쇄 발행 **2020년 8월 5일**

지은이 **이경한**

펴낸이 **김선기**
펴낸곳 **(주)푸른길**
출판등록 **1996년 4월 12일 제16-1292호**
주소 **(08377) 서울시 구로구 디지털로 33길 48 대륭포스트타워 7차 1008호**
전화 **02-523-2907, 6942-9570~2**
팩스 **02-523-2951**
이메일 **purungilbook@naver.com**
홈페이지 **www.purungil.co.kr**

ISBN 978-89-6291-868-7 03920

• 이 도서의 국립중앙도서관 출판예정도서목록(CIP)은 서지정보유통지원시스템 홈페이지(http://seoji.nl.go.kr)와 국가자료공동목록시스템(http://www.nl.go.kr/kolisnet)에서 이용하실 수 있습니다.(CIP제어번호: CIP2020010520)

낭만과 여유가 살아 숨 쉬는
지중해 연안의 도시 이야기

남부 유럽 도시 기행

푸른길

최영숙崔英淑 님께

| 책머리에

지금, 삶을

너무 빠르게,
너무 무료하게,
너무 치열하게,
너무 안이하게,
너무 힘들게,
너무 평안하게

살아가거든

남부 유럽으로의
여행은 어떠신지요!
.....

글을 읽어 주는 친구 양성욱
글을 고쳐 주는 아내 고은진
책을 만들어 주는 푸른길 편집부
감사합니다.

2020년 2월 전주에서
이경한

프롤로그

남부 유럽의 지중해에 대한 느낌은 늘 좋다. 지중해를 대표하는 프랑스 남부 지방과 이베리아반도를 중심으로 한 남부 유럽을 떠올리는 것만으로도 충분히 행복하다. 지중해를 처음으로 접한 것은 사회과 부도를 통해서였다. 어릴 적, 사회과 부도의 세계지도를 습자지(習字紙)에 그대로 본을 떠서 그려 보곤 하였다. 본을 떠서 세계지도를 그리는 것이 손에 익을 즈음에는 직접 연필을 잡고서 그려 보았다. 아프리카 대륙을 맨 먼저 그린 후에, 다시 이집트에서 출발하여 레바논의 해안과 터키로 이어지는 소아시아반도를 그렸다. 그리고 지중해를 따라서 남부 유럽을 그렸다. 발칸반도, 그리스, 이탈리아반도를 감아 돈 후 프랑스 남부 프로방스를 지나 이베리아반도를 그렸다. 특히 남부 유럽의 해안선을 그릴 때에는 지중해에 대한 환상에 젖곤 하였다.

지리 수업시간에 지중해성 기후를 접하면서 유럽의 지중해를 보다 적극적으로 알게 되었다. 지중해성 기후의 클라이모그래프를 보고 지중해성 기후를 하계건조 동계다우라는 이름으로 단순화해서 암기하던 기억이 난다. 그때 우리나라의 계절별 강수량 분포와 다른 지중해의 기후를 인상 깊게 접하였다. 당연히 지중해성 기후에 적합한 식생과 생활도 배우게 되었다. 올리브, 레몬, 오렌지, 포도, 코르크참나무 등이 대표적인 식생이었다. 이 중에서 가장 생소한 과일이자 열매가 올리브였다. 성서에서는 감람나무라고 오역이 되기도 한 나무이다. 지중해 기후대의 식생은 여름의 고온건조한 기후를 견디기 위하여 잎을 상대적으로 두껍고 단단하게 무장하였다. 또한 지중해성 기후의 강렬한 태양은 물을 필요로 했고 태양을 피할 수 있는 쉼을 선사해 주었다. 그 결과 남부 유럽의 도시에는 분수대가 곳곳에 설치되었고, 시에스타(Siesta)라는 달콤한 낮잠 문화를 가지게 되었다. 여름에는 올리브, 포도 등을 재배하는 수목 농업이 성하고, 이들을 가공한 올리브유와 포도주 등의 산업이, 그리고 겨울에는 습한 기후를 이용하여 밀을 재배하는 곡물 농업이 발달하였다.

남부 유럽 지중해에 대한 선한 생각은 그곳의 경관과 삶에 연유하고 있다. 가파른 해안 지형에 강렬한 색상을 지닌 주택들, 작지만 개성이 넘치는 가게, 느린 듯 여유로운 삶의 양식들을 소유한 그곳은 여행을 막 시작한 우리에겐 부러움과 선망의 대상이다. 골짜기마다 작은 삶의 공동체를 가지고서, 때론 대도시를 형성하면서도 자신들의 장소 정체성을 잃지 않으려는 삶의 모습을 볼 수 있다. 근대화의 상징이자 화신인 서부 유럽의 모습과 다른 삶의 양태를 소유하고 있는 남부 유럽의 삶은 우리의 오래된 미래처럼 다가온다. 남부 유럽의 장소들은 지리적 공간과 역사적 시간의 축을 바탕으로 독특한 개성이 넘치는 지역 경관을 만들어 냈다. 그 경관의 멋에 빠지고 싶은 사람, 경관의 이면에 자리한 삶을 경험하고자 하는 사람, 경관과 그들의 삶을 재해석하여 자신의 삶을 되돌아보고 싶은 사람, 느림의 미학으로 남다른 삶을 열망하는 사람 등이 남부 유럽의 어느 장소를 걷고 있다.

남부 유럽의 12개 도시를 기차로 여행하였다. 남부 유럽의 도시들은 저마다의 장소 정체성을 가지고 있다. 여행자라는 타자의 시선으로 도시 경관이 뿜어내는 장소 이미지를 경험하였다. 그곳의 사람들이 느리고 더디게 살아가면서 자신만의 생활양식을 축적해 온 장소들을 내 맘대로, 그 도시의 일원이 되어 걸어 보았다. 이탈리아의 국경을 넘어 프랑스 남부의 망통을 시작으로 모나코, 에제, 니스, 마르세유, 엑상프로방스, 아를, 아비뇽, 몽펠리에를 여행하고, 다시 기차를 타고 스페인 국경을 넘어 마드리드, 바르셀로나와 세비야를 여행하였다. 도시마다 넘치는 개성을 보았다. 그리고 그 안에서 나의 삶을 돌아보았다. 일상으로 돌아오는 발걸음이 가볍다.

남부 유럽, 여행은 또 하나의 여행을 부른다.

차 례

Chapter 1

프랑스 국경의 작은 축제 도시,

망통 Menton

국경은 나라의 경계이다. 나라와 나라의 경계를 그어 주는 선이다. 한 국가의 영토에서 가장 먼 곳이자 한 나라의 영토가 시작되는 곳이다. 인류의 역사는 국경을 넓히고자 하는 땅뺏기의 역사이다. 특히 유럽은 국가와 민족의 성쇠에 따라서 그 경계가 달라지고 그곳을 지배하는 국가도 달라졌다. 국경은 사람이 나누어 그은 선이지만, 국경을 넘을 때마다 금단의 땅으로 들어가는 듯한 느낌이 든다. 한반도의 휴전선처럼 철책이 있는 것도 아니고, 미국과 멕시코의 국경처럼 장벽과 검문소가 있는 것도 아닌데, 국경은 이것을 넘는 데 익숙하지 않은 여행자를 긴장시킨다. 이런 긴장은 국경 아닌 국경인 휴전선을 사이에 두고 있는 분단국가 국민의 트라우마일 게다. 기차가 아무런 검문 없이 자유로이 국경을 넘나드는 것이 분단국가의 국민인 나의 마음을 편치 않게 한다.

기차는 한 치의 주저함도 없이 이탈리아 국경을 넘어 프랑스의 남동부에 위치한 프로방스-알프-코트다쥐르Provence-Alpes-Cote d'Azur 주로 접어들었다. 망통은 코트다쥐르Cote d'Azur 지방에 속한다. Azur는 쪽빛이라는 뜻을 가지고 있는데, 그래서인지 코트다쥐르는 바다와 하늘 모두에 쪽빛을 담고 있다. 기차에서 보이는 하늘과 바다가 온통 쪽빛이다. 바다와 접한 산은 짙은 녹색으로 대비를 이루고 있다. 이곳을 달리다 보면 프랑스 남부의 이국적인 풍경을 눈으로 담고 마음으로 느끼고 몸으로 반응하게 된다. 기차를 타고 가는 사람들의 시선은 바다로 향한다. 이탈리아에서 프랑스로 가는 기차여서 왼쪽 창가에 앉은 사람은 쪽빛 하늘과 바다를 만끽할 수 있다. 반대편 자리에 앉은 사람들의 반응은 두 종류, 자리에서 일어나는 사람과 앉아 있는 사람으로 나뉜다. 자리에서 일어나는 사람은 여행자일 가능성이 높고, 앉아 있는 사람은 일상적으로 이곳을 왕복하는 사람일 가능성이 높다. 다시 이 철길로 되돌아가지 않고 다른 곳으로 여행을 이어 갈 사람들은 해변의 풍경을 눈과 카메라에 담으려 한다. 그래서 이국적인 풍경에 매료되어 눈부시게 펼쳐지는 지중해 해안을 카메라에 담아낸다. 기차는 멋진 바다와 해안 풍경에도 아랑곳하지 않고 프랑스 남부의 지중해 해안을 무심히 달릴 뿐이다.

나는 프랑스 남부의 프로방스-알프-코트다쥐르 지방을 여행하기 위하여 니스Nice 역에서 내렸다. 니스에서 하루를 쉬며 피로를 푼 후 다음 날 이른 아침에 로컬 기차를 타고 인구 약 3만 명의 국경 소도시인 망통Menton으로 향하였다. 느린 듯 느껴지는 기차가 지중해 해안을 익숙하게 달린다. 바다는 동쪽에서 떠오르는 태양을 비스듬히 받아서 눈부시게 빛난다. 어제 본 바다이지만 시간을 달리해서 보니 또 다른 바다이다. 땅의 끝이 바다와 맞닿아 굽이굽이 돌아가면서 틈틈이 항구도 보여 준다. 바다와 땅이 반복하여 나타나고, 나는 그것들을 눈으로 보기만 해도 즐겁다. 눈으로 자연을 만끽하는 사이에 기차는 어느덧 망통 역에 도착하였다.

망통으로 가는 기차

망통 역을 빠져나오자마자 나를 격하게 맞아 주는 파란 하늘은 이 지방의 빛깔이

왜 쪽빛인지를 실감케 한다. 하늘에 눈을 두고 도시 안으로 발걸음을 옮겼다. 방향을 알려 주는 밤하늘의 북극성이 있는 것도 아닌데 하늘은 빛깔만으로도 여행자를 작은 도시로 자연스럽게 안내해 준다. 망통은 색깔로 자신이 지중해 도시의 일원임을 말해 준다. 정열과 흥분을 가져오는 오렌지색, 주황과 연분홍 색깔이 내려앉은 건물들이 저마다 뽐을 내고 있다. 초록색의 가로수, 초록의 레몬과 오렌지 가로수, 그리고 노란 레몬은 도시에 상큼함을 넘어 시큼함을 주기에 충분하다. 레몬으로 만든 젤리, 쿠키, 사탕, 초콜릿 등을 파는 가게들이 즐비하다. 이들은 망통이 레몬의 도시임을 저절로 알게 해 준다. 주민들은 이러한 도시의 정체성을 잘 살리고 있다. 가로수로 레몬을 심고 레몬으로 축제를 기획하여 도시 전체를 레몬 향기로 가득 채우고 있다.

망통은 레몬 축제의 도시이다

망통은 레몬 축제의 도시이다. 어느 세계지리 교과서에서 세계의 축제를 다루면서 망통의 레몬 축제를 소개하였다. 나는 세계지리 교과서에서 레몬 축제를 알게 된 후 이 도시에 가 보고 싶다는 생각을 늘 해 왔다. 1933년에 시작된 이곳의 레몬 축제는 매년 2월 하순에서 3월 초순에 열린다. 축제 기간 동안 거리에는 엄청난 양의 레몬으로 장식한 조형물들이 넘쳐 난다. 레몬 장식을 위해서는 30kg/m^{2}의 레몬이 필요하다고 한다. 레몬 축제는 지역성을 잘 반영한 축제이다. 지중해의 기후 조건에 적합한 과수인 레몬은 자연스럽게 지역의 특산품이 되었고, 대표 작물인 레몬을 주제로 다양한 먹을거리, 볼거리, 즐길 거리 등을 만들어 축제를 펼치고 있다. 작은 도시에 수십만의 인파가 몰려드는 것만으로도 망통의 축제는 성공이다. 사람들이 북적거림으로써 도시에 생기가 넘치기 때문이다. 도시의 풍경, 레몬과 오렌지, 지중해성 기후 등으로 형성된 망통의 장소성을 활용하여 구성한 레몬 축제는 장소마케팅으로도 성공하였다.

레몬 축제는 주민들의 절박함에서 비롯되었다. 망통에서 28km 떨어진 곳에 위치한 니스, 그보다 더 가까이에 있는 모나코 등의 대도시는 작은 망통을 만유인력처럼 빨아들였을 것이다. 크고 유명한 도시들 틈에서 생존하기란 쉽지 않다. 오랜 역사와 자연환경으로 만들어진 지역성과 도시 주민의 생존 마인드 등이 결합되어 작은 도시는 스스로 살길을 모색하였다. 망통에서는 오래전인 1895년부터 카니발(사육제)이 열렸다. 대부분의 유럽 도시가 그렇듯이 망통에서도 예수가 고난과 죽임을 당하는 사순절이 시작되기 전에 카니발 축제가 열렸다. 그러나 가까운 도시, 니스의 축제를 이겨 낼 방법이 없었다. 망통은 같음과 다름의 정책으로 승부를 냈다. 니스와 같은 축제인 카니발로는 차별성을 갖지 못해 발상의 전환으로 레몬 축제를 기획한 것이다. 먼저 축제 기간을 20여 일로 길게 잡았다. 문제는 사람들이 얼마나 축제를 즐기러 올 것인가였다. 망통은 과감하게 니스의 카니발이 열리는 시기에 축제를 열었다. 그리고 니스의 카니발을 보러 온 사람들에게 가까운 곳에 색다른 레몬 축제가 있음을 홍보하였다. 이런 것을 그림자 효과shadow effect라고 부른다. 큰 도시와 작은 도시가 같은 기간에 다른 축제를 열어서 소위 윈-윈 효과를 거둔 것이다.

그런데 레몬 축제를 마친 후에 그 많은 양의 레몬과 오렌지를 어떻게

처리하는지가 궁금했다. 축제가 끝이 나면 상태가 좋은 레몬과 오렌지는 시내에서 저렴하게 판매하고, 판매가 되지 않은 것은 잼, 시럽 등의 가공용으로 팔린다고 한다. 망통 축제의 특징은 과일 축제이면서 축제 동안에는 레몬과 오렌지를 팔지 않는다는 점이다. 관광객을 유치하여 경제 효과를 높이고자 하는 목적이 있지만, 과일을 많이 팔려는 상업성을 절제하여 축제의 완성도를 높이고 있는 것이다. 그런데 아이러니하게도 레몬 축제에 사용하는 레몬과 오렌지는 스페인에서 수입해 온다고 한다.

축제는 공동체의 문화이자 놀이이다. 지역의 특성을 반영한 축제는 신명 나게 함께 놀면서 삶의 에너지를 표출하는 장이다. 외지의 사람들은 여행을 통하여 자신과 다른 삶의 모습을 보고 싶어 한다. 작은 도시 망통은 축제를 통하여 자신들의 삶을 보여 준다. 하지만 여행자가 작은 도시의 축제일에 맞추어 이곳을 여행하기란 쉽지 않다. 그러나 축제 기간이 아니더라도 여행자는 망통의 시내를 거닐면서 축제 장소를 방문하여 간접적인 체험을 할 수 있다.

축제 철이 지난 망통의 축제 거리를 걸어 본다. 원색으로 치장한 도시 곳곳이 이국적인 경관이어서 도시 자체가 축제처럼 보인다. 원색의 건물을 따라서 걷다 보면 비유 샤또 묘지**Le Cimetiere du Vieux Chateau**로 가는 이정표가 여행자를 안내해 준다. 비유 샤또 묘지로 가는 길의 망통 날씨는 지중해성 기후의 전형을 보여 준다. 높고 푸른 하늘, 하늘의 빛을 담은 파란 바다, 파란 하늘과 대조를 이루는 하얀 새털구름 등이 망통의 날씨 풍경을 대표한다. 건물과 건물 사이로 보이는 쪽빛 하늘과 건물에 반사되어 흩어지는 태양은 감동을 넘어 걷는 자를 홍

분시킨다. 누구라도 손을 잡고 걷고 싶은 충동을 느끼기에 충분한 거리이다.

비유 샤또 묘지로 가는 길은 초입에서부터 황토 빛깔인 듯 오렌지 색깔인 듯한 파스텔 톤의 채색을 한 건물들이 여행자를 환대한다. 여행자는 스스로 디아스포라가 되어 가고 싶은 곳으로 간다. 평소에 보지 못했거나 보고 싶었던 곳을 보는 것만으로도 아주 흡족하다. 그리고 그곳을 만나면 그곳이 여행자를 환대해 주는 것으로 착각하기도 한다. 도심과 비유 샤또 묘지로 가는 길의 경계는 경사지이다. 평지의 도심에서 해안가에 이르면 경사가 급변하고 다시 언덕이 시작된다. 경사도가 큰 곳은 언덕이 되고, 낮은 곳은 평지가 된다. 높은 곳으로 이르는 길은 좁고 구불구불하다. 때로는 계단을 오르고 때로는 경사를 최소화해서 만든 지그재그 길을 따라서 묘지에 오른다. 좁은 골목길에서 만나는 높지 않은 건물은 길이 좁기에 더욱 높아 보인다.

비유 샤또 묘지로 가는 좁은 골목길을 오르며 생각에 잠긴다. 자동차가 갈 수 없는 좁은 길을 걸어 오르며 삶을 생각해 본다. 우리는 삶이 우리를 속일지라도 실존의 삶을 살아간다. 우리의 삶 너머에 죽음에 이르는 길이 있는 줄 알고도 때론 모른 체하면서 살아간다. 골목들 사이로 지붕을 거의 맞대고 살아가는 집들 위의 언덕에 영원한 안식을 주는 비유 샤또 묘지가 있다. 이곳은 삶과 죽음이 함께하고 있음을 보여 준다. 이곳은 성(聖)과 속(俗)이 경계를 맞대고 있다. 산 자와 죽은 자가 같은 공간에 함께 존재한다. 사는 곳이 죽은 곳이고, 죽은 곳이 사는 곳이다. 이곳에 사는 주민들에게 이곳이 무슨 의미로 와닿을까 궁금해진다. 우리는 성스러운 그곳에 이르기 위하여 속의 세계에서 부지런히 살고 있다. 속의 세계 위에 성의 세계가, 다시 성의 세계 아래에 속의 세계가 존재한다. 묘지는 언덕 맨 위에 놓여 있다. 그러나 묘지가 아무리 높은 곳에 있더라도 세상의 중심에 서 있지 않은 것은 분명하다. 그리고 공간적으로도 산 자의 공간이 훨씬 넓게 존재하는 것만 보아도 세상은 산 자의 것임에는 분명하다. 그럼에도 이곳이 삶이 무엇인가를 생각하게 만드는 것을 보면, 보이지 않는 존재가 보이는 우리를 지배하고 있는데, 그것을 잊고 사는 것이 아닐까 생각해 본다. 그것을 잊고 사는 행복을 누리고 싶다.

비유 샤또 거리의 골목길

비유 샤또 묘지로 가는 골목길은 생 미셸Saint-Mitchell 성당 안의 '순결한 고해성사'라는 뜻을 가진 페니탕 블랑 예배당La Chapelle des Pénitents-Blancs에서 시작한다. 예배당은 비유 샤또 거리, 꼬떼 거리와 마토니 거리Rue Mattoni의 골목길과 연결된다. 한눈에 봐도 오래된 예배당 앞에 상대적으로 넓은 광장이 있다. 색 바랜 연한 사암으로 만든 예배당은 2층 구조로 되어 있다. 예배당의 출입문은 갈색으로 굳건한 위용을 보이고, 각진 기둥은 코린트 양식의 장식

비유 샤또 거리의 계단길과 건물

을 지니고 있다. 벽면에는 삼위일체를 표현하는 3개의 부조물이 있고, 출입문 위에는 성모 마리아와 천군 천사의 문양이 새겨져 있다. 예배당 옆의 작은 초등학교에서 아이들이 열심히 책을 읽고 선생님을 따라서 공부하는 소리가 굳건한 돌담을 넘어온다. 천진무구한 아이들이 재잘거리는 소리와 공부하는 소리는 동서고금을 막론하고 아름답다. 예배당 앞의 광장까지 공명으로 들려오는 아이들의 소리가 좋다.

고개 언덕길에는 작고 귀여운 갤러리 gallery가 있다. 3층의 건물로서 층마다 창문을 하나씩 두고 있으며 건물은 누런 황토색을 하고 있다. 하늘색 덧문이 열려 있는 창문에는 가지런히 접힌 커튼이 보인다. 그리고 골목을 밝혀 줄 가로등과 작은 간판이 가로로 벽에 달려 있다. 주인은 아침부터 갤러리 문을 열고서 문 앞의 걸대에 지나는 사람들이 보기 좋게 그림을 진열하고 있다. 어른 키만 한 크지 않은 출입문 안으로는 많은 소품들이 손님을 맞이할 준비를 마치고 있다. 문밖에 내건 그림은 골목길 주변의 경관을 앙증맞게 담고 있다. 그림들은 주로 노란색과 황토색과 표현하기 어려운 원색을 이용하여 주변의 경관을 담아냈다. 어떤 그림은 지중해의 파란 바다를 담고 있다. 주인은 이른 아침부터 담배를 입에 물고서 느릿느릿 손님 맞을 준비를 한다. 하지만 주인은 갤러리 앞을 지나가는 내게 눈길도 주지 않는다. 아마도 내가 그림을 사지 않을 것임을 미리 알고 있는 듯하다. 주인은 여행객이 경관을 담은 그림보다는 직접 눈으로 경관을 보고자 하는 자임을 직관적으로 알고 있음이다.

골목길의 작은 아틀리에

다시 골목길을 이어 간다. 좁은 길에 2~3층 높이의 주택 지붕이 황토색의 치장을 하고 길을 따라 서 있다. 골목길 바닥의 가운데는 붉은 벽돌을, 그리고 양 끝은 시멘트 콘크리트에 둥근 자갈을 줄 세워 반듯하게 박아 놓았다. 세월의 풍상과 함께 굳게 박힌 자갈 몇 개가 빠져나간 자리도 보인다. 골목길의 양 끝에는 빗물이 흘러내리도록 배수로가 있고, 일정한 간격으로 빗물이 빠져나갈 배수구가 있다. 벽돌로 지은 건물은 파란색의 덧문을 달고 있으며, 지붕의 처마에 배수통을 달아 낙숫물을 받아 내고 있다. 다시 고개를 들어 멀리 바라보니 골목길이 점점 좁아 보인다. 골목길에는 대각선 원근법이 반영되어 있으며 골목의 끝에 소실점이 있다. 좁아져 보이는 골목길의 건물들 사이로 예배당의 첨탑이 파란 하늘을 배경으로 하고서 고개를 내

민다. 골목길을 오르는 길에 경사를 이용하여 2m 정도의 폭을 가진 계단을 만들어 두었다. 다시 가파른 계단이 좁고 때론 넓은 폭을 유지하며 연이어 나타난다.

예배당과 비유 샤또 묘지 사이의 골목길 주민들은 너무 가파르지도 않고 평평하지도 않은 긴 계단을 오르내리면서 살아간다. 늦은 오후에 느린 걸음으로 골목을 걷는 여성이 보인다. 검은색 잠바를 입은 깡마른 체형의 그녀는 오토바이 헬멧을 쓰고, 손에는 담배를 끼고서 급한 일이 없는 듯 천천히 골목길을 걸어 오른다. 그리고 담배 연기 한 모금을 좁은 골목에 흩뿌리고 유유히 골목 밖으로 빠져나간다. 골목길의 집마다 번지와 주인 이름이 새겨진 명패가 개성 있게 붙어 있다. 골목 양쪽의 집들은 낮은 출입문과 덧문을 댄 작은 창문을 서로 마주하고 있다. 창문 앞의 좁은 테라스와 현관문 앞에 내놓거나 덧문에 매달아 놓은 제라늄 화분이 삭막한 골목에 생기를 불어넣어 주고 있다. 연노랑의 건물 사이로 초록의 잎과 붉은 꽃을 가진 제라늄이 지중해의 골목에서 스스로 보색의 대비로 더욱 강렬하게 자신을 드러낸다. 사암 벽돌, 시멘트로 덧칠한 벽면, 돌로 만든 딱딱한 길바닥 등 무생물로 가득한 좁은 골목의 분위기를 생명이 담긴 제라늄 화분 하나가 바꾸고 있다. 여행의 고수들은 무생물에 생기를 불어넣어 준 생물에도 관심을 보인다. 그것은 이 땅에서 함께 살아 숨 쉬는 것들이 가진 생명력에 대한 경외감의 표현일 것이다.

이곳의 골목은 공동체의 공간으로 느껴지지 않는다. 넓게 보면 골목길도 주민 공동체의 공간이겠지만, 이곳은 공동체의 기능이 강한 우리의 고샅길과 달리 언덕과 도심을 오가는 통로로서의 기능이 상대적으로 강해 보인다. 오가는 사람들이 적어서 주민 상호 간의 일상적인 네트워크도 약해 보인다. 담벼락을 높게 쌓아 집과 집 사이의 개방성이 낮은 것으로 보아 골목을 소통의 공간으로 보기에는 어려움이 있어 보인다. 아마도 반듯하게 직선으로 구획된 골목 경관이 주는 인상이 더욱 이런 생각을 들게 하였을 것이다. 나의 어릴 적 골목은 사람들로 북적였다. 레비스트로스는 전형적인 골목 경관을 「슬픈 열대」에서 잘 묘사하고 있다.

> 좁고 꼬불꼬불하며, 희고 검은 모자이크가 발견되는 몇몇 골목길들이 중심가와 연결되어 있었다. 나는 그러한 골목길들을 조사하면서 그곳에는 독특한 분위기가 있음을 알 수 있었다. 주거 지역과 거리의 차로(車路)의 구분은 유럽에서와 같이 명확하지는 않았다. 도로변의 상점들이 아무리 아담한 것이라 해도 상품들이 길거리까지 쏟아져 나와 있기 때문에, 우리가 상점 안에 있는 것인지 아니면 길거리에 있는 것인지 도대체 분간할 수가 없었다. 거리는 통행을 위한 장소라기보다는 생활하는 장소였다. 이곳은 유럽의 거리보다 조용하고 생기가 있었으며, 보다 보호를 받고 있었다. (레비스트로스, 211)

골목길을 통로 삼아서 여행자도, 주민들도 모두 함께 지나다닌다. 골목길의 주민으로 보이는 어떤 사람은 작은 집에 대한 보상이라도 하려는 듯 엄청나게 큰 개를 끌고서 골목을 걷는다. 목줄을 매긴 했지만 그 개는 좁은 골목에서 크기만으로도 위압적인 존재이다. 개는 골목에서 야생의 본능을 발휘한다. 거리에 똥을 싸고 오줌을 싼다. 개 주인은 개

골목길의 테라스 경관

의 노상 방뇨와 배변을 모른 척하며 묵인한다. 개가 집에서 배변을 보는 것보다는 한 번 눈을 감음으로써 얻는 편함이 크기 때문일 것이다. 개에 대한 양가감정이 있다. 주인에게는 살가운 반려 동물이지만 타인에게는 무섭고 두려운 존재가 될 수 있다. 우리 사회도 반려견 문제로 이런 경계에 서 있다. 개가 사람을 물 수 있는 잠재 가능성을 인정하고서 개의 입을 단속하고 목에 끈을 매어 두라는 사회적 요구가 높다. 하지만 개 주인은 자기의 개는 사람을 물지 않고, 앞으로도 물지 않을 것이라는 확신에 차 있어서 개에게 위험 대비 장구를 채우길 꺼려한다. 하지만 만에 하나의 가능성이라도 있다면 위험에 미리 대처함은 아무리 강조해도 지나침이 없다. 개가 사람을 물면 개 주인에게 매우 엄격한 책임을 물어야 한다는 데 사회적 합의가 이루어지고 있다. 골목에서 느릿하게 걸어가는 개와 주인을 서둘러 앞질러 가서 마음 편하게 골목의 풍경에 눈을 맞추며 걷는다.

골목길을 걸을 때면 사방으로 시선을 보내면서 보이는 모든 것에 관심을 갖는 습관이 있다. 이곳 높은 담장 위의 테라스에는 지중해의 햇볕을 받으며 이불과 옷이 걸려 있다. 세계의 많은 골목길에서 흔히 볼 수 있는 공통적인 삶의 모습이다. 사람들에게 있어서 의식주는 삶의 기본이다. 집 밖 테라스에 놓인 옷과 이불도 그중 하나이다. 벌거벗은 임금님이 아닌 한 누구나 옷을 입고 산다. 낡은 테라스에 빨래를 내다 넌 집주인들은 옷을 빨아 입는다고 당당히 세상에 알리고 있다. 테라스의 난간과 빨랫줄은 그들의 자존심이다. 이불을 테라스의 빨랫줄에 널고서 오늘도 잠잘 침대가 있음을 세상에 알린다. 이불은 침대에 따스한 온기를 준다. 이불은 가족 공동체의 상징이다. 가족이 덮고 잘 이불을 거실 밖의 테라스에 걸어 두어 지중해의 강한 햇빛으로 소독을 한다. 테라스에 걸린 이불과 옷들이 가족에게 따스한 온기를 전할 것이다. 망통의 골목길에는 이런 풍경이 있다.

좁은 골목의 끝에 비유 샤또 묘지가 있다. 작은 출입문을 지나면 절벽 위에 작은 공원묘지가 나타난다. 마름모꼴을 한 공원묘지에는 대리석 장식의 묘지 등 다양한 모양을 가진 묘지들이 망통의 가장 높은 곳을 차지하고 있다. 묘지는 성스러운 세계로서 죽은 자의 안식처이다. 날아가는 천사의 모양을 한 묘가 눈에 띈다. 죽은 자가 천사의 안내를 받아 천국에 이르기를 소망하는 믿음을 반영한 것이다. 천사가 응시하는 방향은 천국이 존재하는 곳을 알려 주고 있다. 천사는 쪽빛의 지중해 바다가 아닌 동쪽의 산을 향하고 있다. 아마도 주민들은 천국의 이상향이 저 바다 건너 어디에 있기보다는 도시를 끼고 있는 산에 있다고 믿는 모양이다. 보통 묘지는 명당에 자리 잡고 있다. 우리나라는 산을 등지고 앞은 탁 트인 그 경계의 자리를 묘지로 삼고 있다. 이곳 망통의 묘지는 가장 높은 곳의 탁 트인 자리에 있다. 우리나라와 이곳 묘지의 공통점은 산 자의 공간에서 떨어져 있고, 상대적으로 묘지를 중심으로 앞이 트인 조망을 가지고 있음이다. 즉 산 자가 죽은 자의 자리에서 멀리 조망할 수 있는 곳을 선호하고 있다.

망통 여행의 백미는 비유 샤또 묘지 앞의 전망대이다. 전망대에는 작은 주차 공간이 있고, 주변 경관을 담아낸 빛바랜 수채화를 전시하고 있다. 이곳에서는 망통의 비경을 한눈에 볼 수 있다. 지중해의 쪽빛 바다와 해안의 곡선을 아름답게 보여 주는데, 활 모양으로 휘어져 곡선을 이루는 해안의 사빈 안쪽으로는 도로가 있고, 사빈과 도로 사이에는 야자수가 해안을 따라 줄지어 서 있다. 도로와 해안 사이에는 콘크리트 벽이 있다. 바다 쪽으로는 파도를 막기 위한 방파제가 뻗어 있고, 항구에는 주인을 기다리는 요트가 정박해 있으며, 옆의 작은 항구 안에서는 학생들이 요트를 배우느라 분주한 모습이다. 멀리 하얀 속살을 드러내

비유 샤또 묘지

비유 샤또 묘지 앞의 전망대에서 본 망통 해안가

는 석회암이 보이고, 석회암 산에는 가파른 암석 절벽이 있다. 아무리 가파른 석회암 절벽일지라도 생명은 뿌리를 내려 작은 숲을 만들어 놓았다. 석회암 숲속에는 건물들이 촘촘히 박혀 있다.

전망대의 오른쪽에는 망통의 해안 사면을 이용한 주택지가 자리 잡고 있다. 주택의 지붕 색깔이 지중해의 독특한 풍경을 연출한다. 주황색의 건물 지붕은 여행자의 눈을 사로잡으며 여행자에게 이국적인 풍경을 제대로 보여 준다. 지중해의 수평선이 보이고, 수평선과 사선으로 비껴 경사지에 지은 주택들이 처마와 처마를 잇대어 한 폭의 그림처럼 비쳐진다. 주택의 지붕들보다 높이 우뚝 서서 경관을 지배하고 있는 건물은 골목길 초입에서 본 성당 안 예배당의 로마네스크풍 첨탑이다. 금방이라도 성당의 종소리가 붉은 지붕과 지중해의 적막을 깰 듯하다. 수평선 위로 명도(明度)를 달리하며 펼쳐진 구름, 여기에 석양의 낙조라도 가미되면 더할 나위 없이 아름다울 것이다.

망통의 몽돌 해안

높은 언덕은 방어에 유리하다. 낮은 곳을 내려다볼 수 있기에 외부 세력의 이동을 감시하기에 안성맞춤이다. 망통은 쪽빛 바다를 가진 아름다운 곳이지만, 과거 로마제국에서 이탈리아에 이르기까지 역사의 질곡을 경험하였다. 그때마다 높은 언덕은 지배자들이 선호하는 장소가 되었다. 지배자는 높은 곳에서 바라보이는 데까지 자신이 지배하는 땅임을 확인하고 싶었을 것이다. 외부 침략으로부터 방어 목적으로 세운 성으로 출발한 망통은 이제 방어의 빗장을 풀고 사람들을 부르고 있다. 과거 해안 절벽을 이용한 방어기지는 국경 지역 소도시의 숙명이었다. 이제 망통은 레몬 축제를 통하여 세상 사람들에게 볼거리를 제공하고 있다. 오랜 역사를 가진 망통의 골목길과 해안 풍경이 사람들에게 손짓한다. 그리하여 작은 도시가 주민보다 더 많은 관광객을 불러들이고 있다.

전망대에서 다시 골목길을 따라 해안가로 내려오면 아름다운 망통 해안을 가까이서 볼 수 있다. 망통 해안은 둥근 돌로 이루어진 몽돌 해안pebble beach이다. 회색의 작은 돌들이 해안에 가득하다. 해안 안쪽에는 상가가 줄을 서 있다. 지중해의 태양을 받아서 강렬한 인상을 한 식당들도 즐비하다. 해안과 도로 사이의 인도를 따라서 걷는 것만으로도 망통의 거의 모든 것을 볼 수 있다. 바람에 날리는 야외식당, 형형색색의 건물, 바람을 향해 날리는 배너, 드나드는 파도에 시원한 바닷소리를 전해 주는 해안의 몽돌들, 그리고 해안 상가의 안쪽으로 자리 잡은 망통의 시가지 등이 눈에 들어온다. 지중해의 상큼한 바람을 온몸으로 맞으며 해변을 느릿하게 걷는다. 나는 망통에서 릴케처럼 '눈이 인지한 것을 마음의 빛으로 조명하려고' 하였다. 그 순간 나도 망통의 일부가 된다.

망통의 시내 거리

Chapter 2

사랑과 도박에 빠진 도시왕국,

모나코 Monaco

망통에서 기차를 타고 모나코Monaco로 향한다. 기차는 순식간에 입국 여권 검사도 없이 국경을 지나 모나코로 접어들더니 지하로 빠져 들어간다. 모나코 역을 나오니 이정표가 어지럽게 반겨 준다. 이정표는 녹색, 흰색, 갈색 3색으로 길을 안내해 주고 있다. 녹색 이정표는 이웃 도시이자 과거 모나코의 영토였던 망통Menton을, 흰색은 카지노Casino·라보또 몬테카를로Larvotto Monte Carlo·그리말디 광장Grimaldi Forum을, 그리고 갈색은 미라마Miramar 호텔·포트 팔레스Port Palace·오스텐데 거리Avenue D'ostende와 존 에프 케네디 거리Avenue J. F. Kennedy를 가리키고 있다. 존 에프 케네디 거리는 해안도로로, 그리고 오스텐데 거리는 중간 도로로 안내해 준다.

모나코 역

모나코는 해안 절벽에 자리한 도시국가이다. 정식 명칭은 모나코공국Principality of Monaco이다. 이탈리아 국경 근처의 프랑스 남부 해안에 자리한 모나코는 독립국가지만 국방권, 외교권과 공작임명권은 프랑스가 가지고 있다. 프랑스 자치주의 성격이 강한 나라이다. 모나코는 세계사에서 페니키아, 로마, 스페인, 이탈리아, 프랑스 등 다양한 국가의 지배를 받아 왔다. 모나코는 강대국의 지배 역사 속에서 독립과 합

모나코의 도로 이정표

병을 반복하며 오늘에 이르렀다. 모나코가 지중해에서 주요 거점으로 등장한 것은 제노바가 1215년에 무역 거점으로 개척하면서부터이다. 모나코의 역사는 1297년부터 통치한 그리말디가(家)의 역사라고 해도 과언이 아니다. 프랑스는 제네바 출신의 그리말디 가문에게 모나코공국의 자치권을 주었다. 프랑스의 정치적 변혁과 함께 모나코는 프랑스에 합병되거나 독립을 하곤 하였다. 1814년 프랑스는 모나코를 그리말디 가문에 반환하였으나, 이탈리아로부터 지속적인 간섭을 받았다. 이탈리아의 1848년 2월 혁명 이후 모나코는 이탈리아 사르데냐 왕국의 간섭에서 벗어났으나 분열의 길로 접어들었다. 1848~1849년에 모나코 왕국의 부패를 계기로 망통Mentone과 로카브루나Roccabruna가 모나코 왕국에서 벗어나 사르데냐 왕국으로 편입하기 위하여 자유도시를 선언하였다. 그 결과 모나코는 현재의 면적으로 축소되었고, 프랑스의 보호하에 있는 조건으로 프랑스로부터 독립국으로서 승인을 받

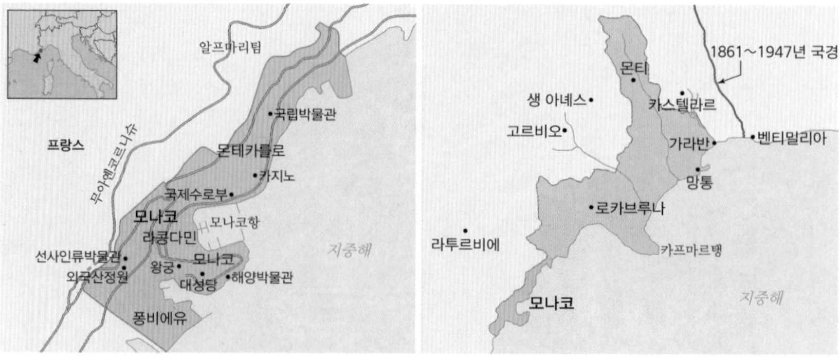

현재의 모나코(좌), 1848~1849년 망통과 로카부르나 자유도시(우)

았다.

모나코는 사랑의 도시이다. 모나코에 가면 모두 사랑에 빠지는 것일까? 아니면 도시가 사람을 사랑에 빠지게 만드는 것일까? 사랑에 빠진 사랑꾼 이야기가 있어서 그럴까? 모나코는 사랑의 도시로 다가온다. 나에게 모나코가 사랑의 도시로 다가온 것은 사랑의 음악과 사랑꾼의 얘기로 말미암는다. '모나코'Monaco라는 팝송이 발매된 것은 1978년이다. 장 프랑소아 모리스Jean Francois Maurice의 베이스 저음으로 시작하는 '모나코'라는 노래가 세상을 사로잡았다. 어릴 적 노래 가사 중 오직 알아들은 것은 '모나코'라는 단어 하나였다. 남녀가 서로 번갈아 부르는 모나코 노래의 가사를 알지는 못하였지만 노래가 사랑을 주제로 하고 있음을 느낌으로 알 수 있었다. 나중에 노래의 가사를 살펴보니, 모나코 지중해 해변의 달달한 사랑 이야기를 담고 있었다. 작열하는 지중해의 태양을 가려 주는 그늘 아래에서도 28℃이지만 "아무런 말도 마세요. 사랑이 우리에게 있으니까요."라는 마무리 가사에서 농익은 사랑을 느낄 수 있다.

모나코~

너무나도 무더운

28℃의 그늘에서

세상엔 오직 우리 둘뿐이었죠.

모든 것이 푸르렀고

모든 것이 아름답기만 했습니다.

그대는 두 눈을 지그시 감았고

태양은 드높았지요.

그대를 어루만지는

내 손은 뜨거웠지요.

아무 말도 하지 마세요.

마음이 이끄는 대로 나를 안아 주세요.

나는 행복하답니다.

사랑이 우리 곁에 있으니까요.

우리는 행복해요.

모나코~

28℃의 그늘 아래에서

그대는 아무런 말도 없습니다.

나는 담배를 껐습니다.

여전히 따가운 날씨였지요.

그대의 입술은 야생 과일처럼

향기가 가득했죠.

그대의 머릿결은
황금빛 물결 같았지요.
그대는 내 마음을 빼앗았지요.
아무런 말도 마세요.
사랑이 우리에게 있으니까요.

1980년대에 모나코는 그렇게 나에게로 찾아왔다. 누군가를 사랑하는 것조차도 자유롭지 못했던 전두환 체제의 엄혹한 시대에도 사랑은 존재했다. 그 사랑의 힘으로 한반도의 민주화도 이루었다. 사랑이 개인을 넘어 사회에 대한 사랑으로 확장되어 연인을 그리고 세상을 구원하였다. 서슬 시퍼렇던 독재의 시대에도 우리는 사랑을 하였다.

모나코에는 또 다른 사랑이 있다. 모나코 왕자와 세기의 결혼을 한 영화배우 그레이스 켈리Grace Kelly가 주인공이다. 내가 대학에 들어가던 해인 1982년에 모나코의 왕비인 그레이스 켈리가 교통사고로 갑자기 죽었다. 모나코의 지중해 해안 도로를 달리다 세상을 떠난 것이다. 지중해 해안, 멀리서 들려온 그녀의 갑작스러운 죽음은 세상을 놀라게 했다. 그녀는 영화 '상류사회'를 마지막 작품으로 모나코의 상류사회에 들어간 후 영화계를 떠났다. 1950년대 배우라서 동시대의 경험을 나누지는 못한 배우이지만, 그녀가 죽은 해는 기억에 남는다. 배우에서 모나코의 왕비가 된 세기의 사랑 이야기로 유명했던 그녀의 죽음은 슬픈 뉴스가 되어 세상에 전해졌다.

또한 모나코는 낭만의 나라로 다가온다. 지중해에 대해 막연한 환상을 갖게 한 도시국가가 모나코이다. 이러한 환상은 나를 모나코로 이끌었다. 낭만을 잊을 나이가 되어서 낭만을 꿈꾸던 나라에 간 것이다. 모나코는 겨울임에도 불구하고 강렬한 태양으로 나를 맞이해 주었다. 모나코 역의 지하보도를 빠져나오자마자 작열하는 태양이 얼굴에 쏟아졌다. 그 태양을 얼굴에 가득 안고 몇 걸음을 걷고서, 이내 검정 선글라스를 꺼내 썼다. 다시 태양을 향해 얼굴을 들고 선글라스 너머로 지중해의 태양을 응시했다.

모나코 역에서 빠져나오면 모나코 몬테카를로 역이 나온다. 그곳에는 성 데보트St. Devote 교회가 있다. 성 데보트는 모나코의 수호성이다. 모나코를 수호하기 위한 성당에서 그레이스 켈리와 레이니 3세가 세기의 결혼식을 올렸다. 그리고 그녀는 다시 이곳에서 영면에 들었다. 성당은 은은한 연미색의 색감을 가진 대칭형 구조의 건물이다. 성당 앞의 십자가는 우리의 마음을 숙연하게 한다. 그리고 주변은 모나코의 건축 경관을 한눈에 보여 준다. 경사면을 따라서 파란 바다 방향으로 형형색색의 건물들이 때론 우아하게 때론 웅장하게 자태를 뽐내고 있다. 그리고 간선 도로를 건너면 해안의 풍경을 조망할 수 있는 카페, 전망대, 휴게시설, 식당이 있다. 건물들은 태양을 가장 많이 받을 수 있는 남향이다. 쏟아지는 태양을 고스란히 담아내는 것은 파란 바다이다. 하얀 요트는 파란 바다를 더욱 아름답게 만들어 준다. 도로 주변의 건물에서는 모나코 항구의 아름다운 바다를 볼 수 있다. 아무것도 하지 않고 그저 태양 볕에 몸을 맡기고 지중해의 자연을 즐겨도 좋다. 모나코는 둥근 의자에 앉아서 사과, 오렌지를 먹으며 바쁜 삶을 쉬어 가기에 좋은 곳이다. 해안에는 레스토랑, 사빈, 산책로 등이 있다. 인도는 붉은색, 그리고 건물은 온통 하얀색이다. 이것은 모나코 그리말디 가문의 문양인 붉은색과 하얀색에서 비롯되었다.

모나코는 도박의 도시국가이다. 모나코 몬테카를로 역에서 해안으로 나와 모나코 항구를 끼고 북쪽으로 걸어가면 몬테카를로 지구가 나온다. 이곳이 곧 카지노의 천국이다. 여기서 가장 유명한 카지노는 몬테카를로 카지노, 일명 그랑 카지노Grand Casino이다. 외관부터 범상치 않다. 하얀 대리석으로 외관을 갖춘 카지노는 중후함과 세련미를 동시에 지니고 있다. 도박을 고급 사교로 미화시킬 만큼 아름다운 외관이다. 그러나 카지노는 누가 뭐라 해도 도박임에 틀림없다. 카지노 안의 카지노칩을 쏟아 내는 형상이 사람의 욕심을 일으키기에 적합하다. 한편 그랑 카지노는 국가가 운영하며, 출입하는 사람들의 드레스 코드를 제한한다. 이것도 구별짓기의 한 유형일 게다. 운동화나 청바지 등의 캐주얼 복장을 금지함으로써 카지노를 고급화하거나 귀족화하고 있다. 아마도 돈 있는 자와 없는 자를 구별하기 위한 장치일 게다. 그리고 카지노 도박을 미화하기 위한 장치이기도 하다. 옷이 날개라는 말이 있듯이 사행심 가득한 도박에 격조를 덧칠하는 눈속임일 것이다.

모나코가 카지노 산업에 관심을 가진 것은 프랑스혁명 이후 급속하게 나빠진 경제문제를 해결하기 위한 자구책에서 비롯되었다. 모나코는 1863년에 카지노를 설치하여 많은 관광객을 불러들였다. 모나코를 방문하는 사람은 반드시 카지노에 들를 정도였다. 모나코는 이렇게 도박으로 사람들을 불러들여 그 수익금으로 살고 있다. 카지노에서 얻은 수익이 국민의 세금을 대신할 정도로 모나코에서 카지노 산업은 절대적이다. 이것이 곧 모나코의 장소 정체성이나 국가 정체성이 되었다. 모나코 카지노의 성공을 전 세계 많은 도시들이 본받고 싶어 한다. 모나코나 미국 라스베이거스처럼 도박 산업을 통하여 쉽게 돈을 벌려고 하는 것이다. 그러나 도박 산업은 사람들의 영혼을 파괴하는 악마의 산업에 가깝다.

모나코는 카지노와 함께 F1 그랑프리 자동차 경주로도 수입을 올리고 있다. 모나코 F1 그랑프리는 스포츠 관광 산업이자 도박 산업이라고 볼 수 있다. 사람들이 자동차 경주에 몰입하면서 거기에 돈을 걸기 때문에 자동차 경주는 도박의 또 다른 방식일 뿐이다. 우리나라 전남 영암에서도 F1 그랑프리 자동차 대회가 열렸다. 이것은 메가 스포츠의 민낯을 보여 주기에 충분하였다. 황금알을 낳기는커녕 엄청난 적자와 막대한 관리비 지출로 애물단지로 전락하였다. 접근성이 부족하고 F1 그랑프리 협회에 많은 로열티를 지급해야 하는 문제로 영암의 F1 그랑프리는 큰 빛을 보지 못하였다.

모나코의 카지노에서 룰렛을 돌리며 내가 맞출 수 있는 확률, 즉 경우의 수가 당첨되길 바란다. 화려한 겉모습을 한 카지노 건물에 들어가서 돈을 따 보겠다는 욕망을 표출하고 있다. 지금도 전 세계에서 많은 사람들이 룰렛을 돌리고, 파친코의 레버를 당기고, 복권을 사고 있다. 하지만 카지노를 포함한 모든 도박은 불공정한 게임이다. 확률적으로 돈을 딴 자보다는 잃은 자가 더 많이 나오는 게임이기 때문이다. 카지노에서 도박을 하는 사람은 확률적으로 생각하면, 돈을 잃기 위하여 안간힘을 쓰는 사람에 속한다. 물론 그들은 확률이 매우 낮기는 하지만 돈을 딴 자에 속하길 간절히 소망하면서 도박을 한다. 하지만 몬테카를로를 포함한 세상의 모든 카지노는 무자비하고 인정사정이 없다. 카지노는 돈을 따고 싶은 자를 너무도 쉽게 굴복시키기 때문이다. 돈을 따는 요행수를 바라며 오늘도 카지노의 도박판을 떠돌아도 영혼이 없는 도박 기계와 딜러는 돈을 잃은 자의 사정을 봐주지 않는다. 기본적으로 도박은 제로섬 게임이다. 잃은 자와 딴 자의 합이 0이기에 그렇다. 그래서 도박은 아무리 잘해도 생산성이 없다. 도박으로 일군 산업도 마찬가지이다. 모나코는 사행심으로 부푼 자들의 호주머니와 그들의 영혼까지 훔쳐 갈 준비가 되어 있다. 모나코는 말한다. '돈 있는 자들과 영혼을 팔고 싶은 자들아, 모두 다 모나코 카지노로 오라. 내가 너에게 돈을 잃게 해 주고 영혼을 파괴해 주겠다.' 그래서 도박은 포지티브한 게임이 아니라 사탄의 묵시록이다.

도박의 명소인 몬테카를로의 이름을 따서 만든 프로그램을 몬테카를로 시뮬레이션Monte Carlo Simulation이라고 부른다. 몬테카를로 시뮬레이션이란 불확실한 상황하에서 의사결정을 할 목적으로 컴퓨터의 확률 시스템을 활용하는 모의실험을 의미한다. 우리는 불확실한 사회에 살고 있지만 그 불확실성을 확률이라는 이름으로 대체하고자 하는

모나코 해안 도로 경관

모나코 항구의 모습

욕망을 갖고 있다. 우연히 일어날 수 있는 비율인 확률로써 의사결정의 위험부담과 불확실성을 줄이고자 한다. 컴퓨터 시뮬레이션을 통하여 얻은 결과를 토대로 행동이나 계획을 수립하면 불확실성을 줄일 수 있다는 생각을 갖고 있는 것이다.

모나코는 사랑의 도시이자 도박의 도시이다. 도시왕국에서 도박의 도시와 사랑의 도시는 어떤 점이 닮았을까 하는 의문이 든다. 보통 도박과 사랑에는 '빠진다'는 표현이 어울린다. 한번 빠지면 이성이 마비되는 특성을 지니고 있다. 그리고 그곳에서 빠져나오기 위해서는 끝을 보아야 한다. 그런 면에서 사랑과 도박은 맹목적이기도 하다. 엄혹한 시대에 무언가에 맹목적으로 빠진다는 것 자체가 축복일 수 있으나 합리성을 잃으면 큰 상처로 남을 것이다. 그래도 도박의 도시, 모나코를 걷고 싶은 마음은 무엇일까? 인간의 이중성인가 보다. 돈을 잃을지라도 한번 당겨 봐!

모나코의 도시 경관

절벽 아래에 빼곡하게 들어선 건물, 건물 앞의 해안과 푸른 바다, 그리고 강렬한 태양이 만들어 내는 경관은 나를 다시 걷게 한다. 해변에는 빨간색과 하얀색을 담은 모나코의 국기가 바람에 펄럭인다. 탁 트인 전망대의 벤치에 앉아서 무심한 지중해 쪽빛 바다를 멀리 바라본다. 그냥 바다를 바라보는 것만으로도 모나코의 낭만이 발아래에 있다. 내리쬐는 지중해의 햇빛을 친구 삼아 지중해의 과일을 먹는다. 나의 몸도 온통 지중해가 된다.

Chapter 3

지중해의 경관을 품은 도시,

에제 Eze

모나코에서 에제**Eze**로 가기 위하여 기차를 탔다. 기차는 출발하자마자 에제 역에 섰다. 플랫폼에 내려 타고 온 기차를 보니 외장이 화려하다. 궁금하여 자세히 보니, 기차에 'Region Provence Alpes Cote d' Azur', 즉 프로방스 알프 코트다쥐르 지역이라고 쓰여 있고, 옆에는 각 지역을 상징하는 문양이 그려져 있다. 기차가 플랫폼을 떠나니 작은 에제 역사(驛舍)가 한눈에 들어왔다. 붉은색을 칠한 아담한 2층짜리 건물은 문이 굳게 닫혀 있다. 한때 건물의 아래층에서는 승차권을 발행하는 등의 역무를 보았고, 위층은 역무원의 숙소로 사용했다는데, 이제 역무원도 없이 기차표 자동발급기 한 대가 건물을 지키고 있을 뿐이다. 그나마 기차를 타는 사람들은 패스나 정기권을 이용하기에 자동발급기도 기능을 맘껏 발휘하지 못하고 있는 신세다. 작은 에제 역은 하얀 석회암 절벽으로 이루어진 산, 경사지의 퇴적 사면에 촘촘히 박혀 있는 집들, 집들 사이로 난 좁은 도로, 그리고 녹음이 짙은 지중해의 관목들을 배경으로 주변 경관의 일부가 되어 있다.

니스와 모나코 사이에 자리한 에제는 로마가 프로방스를 침략하기 위한 길목이었다. 또한 지중해를 넘어온 아랍의 무어인들이 80년을 지배했던 곳이기도 하다. 이 지방은 지중해를 두고서 제국의 세력들이 대륙으로 진출하는 데 좋은 교두보였기에 주민들은 전란을 피하거나 대비하기에 좋은 곳을 찾았다. 그중

에제 역사의 모습

하나가 에제 빌리지Eze Village이다. 좁은 해안에서 곧바로 가파른 석회암 산지가 형성되어 있고 정상 부근은 수직 절벽을 이루고 있다. 해발고도 410m의 높이에 위치한 에제 빌리지는 적으로부터 자신을 방어하는 데 최적의 입지를 가진 장소였다.

에제를 찾는 사람들은 대부분 인구 3천여 명의 작은 도시인 에제 빌리지를 방문하기 위하여 온다. 에제 빌리지로 가는 방법은 두 가지가 있다. 하나는 에제 역에서 버스를 타고 가는 것이고, 다른 하나는 등산로를 이용하여 걸어서 올라가는 것이다. 단기간 이곳을 방문하는 여행자는 버스나 승용차를 이용하는 것이 좋다. 나는 버스를 타고 에제 빌리지로 가기 위하여, 에제 역의 버스 정류장에서 오랜 시간 버스를 기다렸다. 정류장은 작고 깔끔했지만 버스는 한낮의 지중해 태양이 주는 햇볕을 더 쬐어 보라는 듯 선뜻 오지 않았다. 약 1시간을 기다리니 에제

에제 역에서 본 에제 빌리지 산지 경관

빌리지로 가는 83번 버스가 도착하였다. 함께 기다렸던 사람들과 기쁜 마음으로 늦게 온 버스에 올라탔다. 버스는 경사가 급한 산 정상으로 안간힘을 내며 올라갔다. 산비탈을 지그재그로 깎아 만든 도로를, 때론 산을 뚫어 만든 작은 터널을 지나서 그리고 계곡과 계곡을 이어 주는 다리를 건너 에제 빌리지로 올라갔다.

버스는 에제 빌리지의 정류장에 손님들을 내려놓았다. 정류장은 사람들이 오가는 중요한 네트워크의 기능을 한다. 이곳 정류장도 에제 빌리지의 사람들을 아랫마을과 이어 주고, 여행객들을 보고 싶은 곳으로 안내한다. 보통 정류장은 오가는 사람들이 많아서 가게들이 많은 편이다. 에제 빌리지 정류장에도 작지만 갖출 것을 모두 다 갖춘 슈퍼마켓이 있다. 슈퍼마켓 주인은 지중해 과일, 채소 등을 박스에 담아서 버스 정류장 앞에 펼쳐 놓고 팔고 있다. 그리고 맞은편 정류장에는 작은 식당, 빵집 등이 있다. 작은 빵집은 동네 사람들에게 바게트, 타르트 등을 제공하면서, 이곳이 에제 빌리지, 즉 마을 공동체임을 잘 보여 주고 있다. 그리고 지난 가을의 단풍을 머금은 채 잎을 땅바닥에 내려놓지 못하고 있는 플라타너스나무 한 그루가 정류장에 운치를 더해 주고 있었다.

에제 빌리지로 가는 다른 방법은 걸어서 오르는 것이다. 에제 역에서 집과 집 사이의 좁고 가파른 언덕길을 따라서 오르는 방법이다. 에제 역에서 해발고도 400m의 에제성까지 걸어서 대략 1시간 정도 걸리는 산책길이 있다. 이 길을 유명하게 만든 사람은 요양을 위하여 지중해의 도시 니스로 온 철학자 니체이다. 그는 이 길을 길게는 하루 8시간 걸어서 오르내렸다. 그러기에 이 산책길은 철학자의 길이 되었다. 철학자의 길은 곧 사색의 길이다. 에제 빌리지에 이르는 길도 생각하기에 좋고,

에제 빌리지 입구

생각하게 만드는 길이다. 사람들은 이 산책길을 철학자 니체의 이름을 따서 '니체의 길'Chemin de Nietzsche이라고 부른다.

이 산책길에 대한 안내판에는 "1883년 이후, 프리드리히 니체는 자주 프렌치 리비에라French Riviera에 머물곤 했다."라고 소개되어 있다. 니체는 해안가에서 암석 위에 건축한 멋진 무어인의 에제 빌리지까지 오르면서 「차라투스트라」의 제3부를 구상하였다. 니체는 차라투스트라를 통하여 "자신의 다리로 높은 곳을 향해 걸으면 고통이 따르지만, 그것은 마음의 근육을 튼튼하게 만드는 고통이다."라고 말하였다. 그는 에제 빌리지에 오르면서 고통을 느끼며 인간은 무엇으로 사는가에 대한 생각을 키웠을 것이다. 가파른 길을 오르는 고통을 감내하면서 '마음의 근육'을 키웠을 것이다. 「차라투스트라는 이렇게 말했다」의 제3부 중 '나그네'에서 그의 사색을 엿볼 수 있다. 여기서 프렌치 리비에라는 프랑스의 피한지(避寒地)라는 뜻으로서 코트다쥐르의 영어식 표현이다.

짜라투스트라는 산을 오르면서, 문득 문득, 젊은 시절부터의 고독한 나그네 길의 이것저것을 회상하고, 지금까지 얼마나 많은 산의 꼭대기나 산허리를 올랐던가 생각하는 것이었다. 나는 유랑의 나그네다. 등산가다 하고 그는 마음속으로 말했다. 나는 평지가 좋지 않다. (중략) 짜라투스트라는 산을 오르면서 자신에게 말했다. 너무 심한 잠언으로 스스로의 마음을 위로했던 것이다. 그의 마음이 일찍이 없었을 정도로 상하고 아팠기 때문이다. 그리고 드디어 그가 높은 산등성이에 도착하니까, 보라, 산 너머의 바다가 눈앞에 펼쳐지고 있다. 짜라투스트라는 잠자코 오

니체의 거리 안내문

랫동안 서 있었다. 산정의 밤은 차가왔다. 하늘은 맑게 개고, 별이 밝게 아로새겨져 있었다. (니이체, 181-183)

에제 빌리지 정류장에서 조금 오르면 에제의 꽃인 샤또 에제Chateau Eze와 선인장 정원을 만날 수 있다. 샤또 에제에 대한 안내판에는 "이 주거지 일대는 프렌치 리비에라의 가장 아름다운 풍경 중 하나를 열어 준다. 스웨덴 국왕 구스타브 5세의 장자인 윌리엄 왕자가 겨울에 머물던 곳이다. 1923년에서 1953년 사이에 왕족들이 휴가를 보낸 곳이다. 그래서 1976년까지 스웨덴 왕자의 성Prince of Sweden Castle이라는 이름으로 유명하였다."라고 적혀 있다.

샤또 에제가 오래된 성임은 직관적으로 알 수 있다. 산 정상에 자리한 고성의 경사진 진입로와 아치형의 입구를 지나면 석회암 벽돌로 만든 투박한 담벼락과 만나게 된다. 담벼락에는 담쟁이덩굴이 실핏줄처럼 펴져 있다. 지난 여름 담쟁이는 삭막하고 거친 돌벽에 생명의 호흡을 주었다. 지금도 담쟁이는 마지막 붉은 잎을 지키고 있으면서 벽에 운치를 더해 준다. 이곳 담쟁이를 보니 도종환 시인의 '담쟁이'라는 시가 떠올랐다. "저것은 벽/ 어쩔 수 없는 벽이라고 우리가 느낄 때/ 그때/ 담쟁이는 말없이 그 벽을 오른다./ 물 한 방울 없고 씨앗 한 톨 살아남을 수 없는/ 저것은 절망의 벽이라고 말할 때/ 담쟁이는 서두르지 않고 앞으로 나아간다./ 한 뼘이라도 꼭 여럿이 함께 손을 잡고 올라간다./ 푸르게 절망을 다 덮을 때까지/ 바로 그 절망을 잡고 놓지 않는다./ 저것은 넘을 수 없는 벽이라고 고개를 떨구고 있을 때/ 담쟁이 잎 하나는 담쟁이 잎 수천 개를 이끌고/ 결국 그 벽을 넘는다."(전문) 이곳의 담쟁이도 봄이 오면 수천 개의 잎을 이끌고 다시 담벼락을 기꺼이 넘을 것이다.

샤또 에제의 아치 입구를 지나면 좁은 골목길이 나오고, 앙증맞은 작은 가게들이 나타난다. 유럽의 오래된 도시들에서 흔히 볼 수 있는 가게들이긴 하지만, 높은 산정 마을에 있어서 색다른 느낌이다. 산 정상의 좁은 땅에 세운 성이어서 그런지 골목은 여느 골목보다 좁으며, 오르는 길의 오른쪽은 돌로 축대를 쌓은 성채의 견고함을 유지하고 있다. 그리고 왼쪽에는 좁은 공간을 비집고 자리한 작은 가게들이 들어서 있다. 검은 바탕에 하얗거나 누런색으로 쓴 글씨의 간판이 인상적으로 눈에 들어온다. 골목의 바닥은 붉은 벽돌 3개를 가로로 놓고, 양옆은 거의 자연석에 가까운 돌들로 포장하였다. 골목을 흙 한 줌 밟을 수 없이 단단히 포장해 두었다. 그리고 골목의 삭막함을 거두기 위하여 딱딱한 돌 틈에 작은 화초나 나무를 심고, 화분에는 제라늄을 심어 놓았다. 성

샤또 에제의 골목길

샤또 에제의 선인장 공원

채의 벽면에는 가파른 길을 오르는 사람들을 위하여 철봉으로 긴 손잡이를 붙여 놓았다. 성채의 발길이 가는 곳마다 고풍스러운 경관이다.

샤또 에제의 정상에는 선인장 정원이 있다. 6유로의 입장료를 받는 선인장 정원은 갖은 종류의 선인장으로 가득하다. 이곳의 성채는 헐리고 건물의 골격만 남아 있다. 세월이 흐르면서 허물어진 건축 공간을 선인장 정원으로 가꾼 것이다. 선인장 사이로 조각상들이 여행자의 시선을 잡아 끈다. 그리고 다양한 조경으로 사색의 공간, 지중해의 정원 등을 꾸며 놓았으며, 작은 벤치를 마련하여 방문하는 사람들이 멀리 지중해와 해안을 바라보면서 휴식과 사색을 하도록 돕고 있다.

선인장 정원의 입구에 위치한 '독수리 둥지'Le Nid d'Aigle 식당 앞의 입간판에는 'sea view inside'라고 쓰여 있다. 식사를 하면서 해안의 경관을 구경할 수 있는 곳이다. 사방을 둘러보면서 바다와 산을 한꺼번에 조망할 수 있다. 석회암 산지에 자리 잡은 도시, 숲, 산을 보고, 눈을 돌려 주황색 지붕을 얹은 집들을 본다. 선인장 정원의 '명상의 장소'에서는 선글라스를 끼고 좌대에 누워서 반짝이는 푸른 지중해를 바라보고, 작열하는 태양에 피부를 맡기며 일광욕을 즐긴다. 그리고 아무 생각 없이 머릿속의 잡념을 비우다가 오후에는 피에스타로 잠을 청할 수 있다.

샤또 에제의 백미는 높은 성채에서 쪽빛 지중해와 해안과 계곡 사이에 자연을 거스르지 않고 자리 잡은 작은 도시의 경관을 감상하는 것이다. 수없이 많은 사람들이 고성에 올라와서 지중해의 쪽빛 바다와 에제 도시를 감상하였을 것이다. 강렬한 태양 너머로 보이는 지중해를 배경으로 한 선인장과 고옥(古屋)이 아름답다. 지중해 해안의 곡선에 석양이 드리우면 더욱 황홀해진다. 강렬한 태양일수록 바다로 지는 석양이

샤또 에제의 선인장 공원에서 본 지중해

고혹적이다. 샤토 에제에서 보는 경관은 아름답다. 아름다운 지중해와 해안 경관과 붉은 지붕의 건축 경관은 사람을 매혹시키고도 남는다. 그리고 성터의 의자에 자리 잡고 앉으면 저마다 니체가 된다. 스스로 묻고 스스로 답을 얻는 아름다움이 절로 일어난다. 살아온 삶을 돌아보고 살아갈 삶을 생각하게 하는 묘한 기운을 가진 곳이다. 세상의 모든 구속으로부터 자유를 얻는다. 그곳에서는 신도 죽는다. 그리고 다시 살아난다. 이처럼 아름다운 자연을 창조한 신에게 경외감을 갖는다.

에제 빌리지의 가장 높은 곳에 아름다운 성채를 짓고 살아도 사람들의 기본적인 욕구는 같다. 그곳에 사는 사람들도 자신들의 의식주를 해결해야 한다. 석회암 지형 고지대의 성채에서 살아가는 데 있어서 절대적으로 필요한 것은 물이다. 식수 문제를 해결하는 것이 성채의 지속 가능성을 담보하는 결정적 인자이다. 산 정상에 자리한 성채는 집수 구역이 좁기에 충분한 식수를 구하기가 어렵다. 이를 해결하기 위하여

샤또 에제의 성채

이곳의 집과 호텔은 긴 호스를 이용하여 낮은 곳에서 물을 끌어 올리고 있다. 하지만 안내문은 이곳의 성채가 물이 부족해서 사라진 것이 아니라고 강변한다. 샤또 에제의 정상에 남아 있는 앙상한 벽돌 건물은 그 원인을 무엇이라고 말해 줄까 궁금하다.

이곳이 무너진 원인은 무엇일까 상상력을 발휘해 본다. 아마도 물 아니면 또 다른 원인으로 인하여 성채가 쇠퇴했을 것이다. 이 성채는 스웨덴의 윌리엄 왕자가 아버지와 함께 배를 타고 우연히 들르면서 주목을 받았다. 하지만 이 성채의 운명이 쓰러지기 시작한 것은 스웨덴 왕자가 사랑하던 사람이 1953년에 죽은 후 왕자가 이곳을 떠나면서부터이다. 이곳은 1976년 새로운 주인이 나타날 때까지 스웨덴 왕자의 성 **Prince of Sweden Castle**으로만 알려졌다. 왕자가 떠난 후 집집마다 소유주가 달라졌고 점점 폐허로 변하였다. 더욱이 이 시기는 도시화의 물결로 농업 생산성이 높은 프랑스일지라도 도시로 떠나는 사람들을 잡아 두기에는 역부족이었을 것이다. 이때 이곳의 역사적 그리고 미적 가치를 알아보는 사람이 나타났으니, 그는 프랑스 적십자의 상임대표인 앙드레 로차André Rochat이다. 그는 일대의 집들을 1976년에서 1980년까지 사들여서 1993년까지 성채를 복원하였다. 그리고 1994년 이후 이곳을 본격적으로 관광지화하였다. 에제의 성채는 이촌향도로 몰락하다가 코트다쥐르 일대의 관광 산업이 발달하면서 가치가 새롭게 조명되었다. 지중해의 풍경을 바라볼 수 있는 조망을 가진 것만으로도 이곳이 부활할 수 있는 조건을 충분히 갖추고 있었다. 거기에다 역사적 내러티브와 니체의 철학까지 지니고 있으니 금상첨화인 격이다.

주민들은 에제의 성채에서 살고 있지 않다. 관광지가 가지는 역설이다. 오가는 사람들은 많은데, 그곳에 사는 사람은 거의 없다. 여기에도 상업적 공간과 거주 공간이 분리되어 장소의 박물관화 혹은 디즈니랜드화가 이루어지고 있는 것이다. 아름다운 지중해의 바다를 바라보며 살더라도, 주민들은 자신의 주거 공간에서 사람들과 어울리며 살아야 한다는 평범한 진실을 보여 주고 있다. 이 마을은 참으로 아름다운 경관을 지배하며 살더라도 경관이 곧 삶이 아님을 말해 주고 있다.

과거 중세 시대에 높은 석회암 절벽에 방어 목적으로 건설된 샤또 에제는 시대에 따라서 다른 용도로 그 임무를 다하며 현재에 이르렀다. 방어와 피란의 목적으로 볼 때, 높은 지형으로 인하여 진입하기에 불편한 이곳이 최적이다. 그래서 해안으로부터 밀려오는 로마 군사와 무어인들의 침략으로부터 안전할 수 있었다. 세월이 흘러 니체는 해안에서부터 이곳을 오르내리며 '마음의 근육'을 길러 「차라투스트라는 이렇게 말했다」라는 책을 썼다. 유럽의 북국인 스웨덴 왕자는 돈으로 이곳을 사서 겨울 별장으로 사용하면서 경관의 조망권을 사유화하고 독점하였다. 지금 이곳을 소유한 사람은 이국적인 지중해 경관의 조망권을 잠시 빌려 주면서 돈을 벌고 있다. 에제 빌리지는 장소가 시대에 따라서 그 기능을 달리함을 잘 보여 주고 있다. 앞으로 에제 빌리지는 어떤 모습으로 변화할까 걱정 아닌 예측을 해 보면서, 다시 버스를 타고 에제역으로 떠난다.

Chapter 4

지중해를 삼킨 도시, 니스Nice

프랑스 남부 도시 니스Nice의 여행은 니스-빌 역Gare Nice-Ville에서 시작하였다. 호텔로 가기 위하여 니스-빌 역에서 역전 광장으로 나왔다. 가던 발걸음을 멈추고 뒤돌아보니 고풍스러운 자태를 지닌 니스-빌 역이 한눈에 들어왔다. 오랫동안 프랑스 남부 코트다쥐르 지방의 가장 큰 도시로서 지중해를 호령하며 위용을 자랑해 왔을 니스-빌 역을 상상해 본다. 역전 광장의 작은 카페에서 커피 한 잔으로 니스를 느껴본다. 역 앞의 높지 않은 석조 건축물의 경관이 니스의 첫인상으로 다가왔다. 니스-빌 역 주변의 오래된 호텔에 여장을 풀고서 니스의 진면목을 보고 싶어 급한 마음으로 니스의 도심으로 향하였다.

호텔에서 출발하여 니스의 중심 도로인 장 메드생 거리Avenue Jean Medecin를 따라서 걸었다. 니스에서 가장 넓은 도로이기에 주변에는 상가가 발달해 있다. 인도의 폭이 넓은 것이 인상적이다. 도로에는 트램 레일이 깔려 있고 수시로 트램 열차가 오간다. 주변의 전통적인 석조 건물 사이로 현대식 교통수단인 트램이 들어온다. 트램이 5량의 열

메세나 광장의 모습

차를 미끄러지듯 끌고서 도심을 느리게 지나간다. 트램과 함께 니스의 도심을 걷는 재미가 있다. 니스 최대의 쇼핑가에서 백화점, 유명 브랜드 상가, 레스토랑, 작은 가게 등을 눈으로 즐기며 걷는다. 니스 해안가까지 이어지는 거리에는 야간에 다양한 조명 장식을 달아서 보는 사람의 눈을 즐겁게 한다.

메세나 광장**Place de Massena**은 니스의 상징이다. 메세나 광장의 바닥은 흑색과 하얀색의 마름모꼴 타일로 구성되어 있다. 멀리서 보면 흑백이 조화를 이루며 기하학적 문양으로 나타난다. 트램 도로를 중심으로 광장의 양쪽이 데칼코마니와 같이 닮은꼴 모양을 하고 있다. 광장 가운데로 오가는 트램은 오래된 건물과 기하학적 문양이 어울려 광장의 매력을 더해 주고 있다. 광장 둘레의 가로등은 높은 좌대에 앉아 있는 사람의 형상을 하고서 도로와 광장을 밝혀 준다. 가로등은 다양한 색깔을 띠고서 너무 밝지 않은 조도로 도시의 밤을 지키고 있다. 메세나 광장의 건축물은 지중해를 닮아 있다. 아래층은 하얀 기둥과 붉

메세나 광장의 건축물

은 아치, 그리고 위층은 붉은 바탕에 하얀 채색을 하고 있다. 밤에는 건물의 아치가 노란 조명을 머금고 있어서 더욱 황홀해 보인다. 지중해의 석양을 닮은 광장 건물의 채색이 니스를 니스답게 만들어 주고 있다. 메세나 광장 옆에는 니스의 눈이 있다. 둥근 대관람차가 낮은 건물과 푸른 앙주Anjou만 바다 위로 오르내린다. 광장 끝의 분수대 중앙에는 하얀 남자 조각상이, 주변에는 동물 조각상들이 장식되어 있다.

오래된 도시의 숙명은 도심재개발, 즉 젠트리피케이션gentrification과 맞닿아 있다. 이것은 개발자의 입장에서는 도시 재생이고, 거주자 입장에서는 둥지 내몰림으로 번역되는 아이러니가 있다. 개발이라는 말 자체가 주민보다는 정부, 자치단체, 권력, 개발업자에 경도되어 있음은 부인할 수 없다. 니스도 도심재개발을 피해 가지는 못했다. 그 대표적인 곳이 장 메드생 거리Avenue Jean Medecin이다. 이곳 도심재개발의 상징은 트램이다. 도로를 유유히 느린 속도로 오가는 트램은 니스의 랜드마크가 되었다. 니스는 8.7km의 1개 트램 노선을 운영하고 있으며, 1호선 트램의 성공으로 2, 3, 4호선 트램을 준비하고 있다. 특히 1호선 트램이 달리는 메세나 광장에서 가르발디 광장까지의 구간 0.95km는 배터리로 전기를 공급하여 도로에 전기를 공급하는 어지러운 전선이 없다. 이 구간은 니스에서도 관광객이 가장 많이 모여 보행자 중심으로 도로를 만들어 놓았다. 트램이 달리는 레일은 자동차의 진입을 막아서 걷는 사람을 안전하게 해 주고 있다. 도심을 남북으로 달려 해안으로 뻗어 이어진 트램은 관광도시의 품격을 올려 주었다고 평가된다. 트램 경관이 가장 아름다운 곳은 메세나 광장을 지나갈 때이다.

도심의 재개발은 그곳에 살지 않는 사람에게는 좋은 인상을 준다. 도시의 이미지를 개선하는 데 큰 기여를 하는 것이다. 즉 깔끔한 건물, 쾌적한 거리, 인위적인 조화로움, 편리한 교통 등을 가져다주기에 타자의 시선을 사로잡기에 충분하다. 그러나 도심재개발은 그곳에 사는 사람보다는 그곳을 방문하는 사람들에게 맞춰지는 경향이 있다. 그 이유는 사람들이 그곳을 많이 찾게 하여 돈을 쓰고 가게 하는 데 목적이 있기 때문이다. 외부에서 사람들이 유입되어야 비기반 경제 활동을 활발하게 할 수 있고, 이를 통해 도시의 발전을 가져올 수 있다. 즉, 도시의 경제 규모를 확장시키는 데 유리하다는 말이다. 하지만 이것은 도시 빈민들의 희생을 동반하는 경우가 허다하다. 낡은 건물, 좁은 도로, 높은 실업률, 낮은 교육 정도, 높은 범죄율 등의 특징을 가진 도심을 재개발하여 삶의 환경을 개선하겠다는 것이 사업의 명분이다. 오래되고 낡은 도시 경관과 도로 구조를 헐어 내고 통째로 도시를 개발하기도 한다. 하지만 요즘은 오래된 것의 소중함을 유지하면서 현대식 삶의 구조로 전환하고자 노력하는 모습도 보인다. 도시의 오래된 건물 경관을 유지하면서 기능성을 올리는 방향으로 재개발을 추진하는 것이다. 그 개발의 현주소를 프랑스 남부 도시인 니스가 잘 보여 주고 있다.

도심재개발은 그곳에서 삶을 유지하던 사람들을 더욱 고단한 도시 빈민으로 전락시키는 부작용을 가지고 있다. 외지인들에게 좋은 경관과 기능을 보여 주기 위하여 도시 빈민은 자신들의 삶 전체를 통째로 빼앗겨야 하는 아픈 현실이 있다. 도시의 인구 수용능력은 기존의 구도심이 재개발 이전보다 훨씬 높다는 게 잘 알려진 사실이다. 외지 관광객들이 돈을 쓰고 가서 도시가 경제 성장을 이룰 수는 있지만 그것이 누구를 위한 발전인가에 대해서 진지한 물음이 제기된다. 개발 자본은 도시를 화려하고 세련되게 만들고는 돈을 챙겨서 유유히 그곳을 떠난다. 그리고 원주민은 부자들에게 고급 아파트, 고급 상가를 내어 주고 또 다른 곳으로 떠날 것을 강요받는다. 다시 상가에 비싼 임대료를 내고 소상공인들이 입주를 한다. 그들도 어느 시점이 되면 비싼 임대료로 인하여 다시 그곳을 떠난다. 도심재개발에는 자본의 논리에 권력의 논리가 결합해 있다. 그래서 도시 전체의 경제 성장이 주는 혜택이 원래 그곳에서 살던 주민들에게 되돌아가기란 쉽지 않다. 도심재개발을 도시 주민들이 선호하지 않는 이유가 여기에 있다.

장 메드생 거리의 모습

여행자는 화려하게 재개발된 도심 경관의 인상에 푹 빠져서 그 자리를 떠난 도시의 가난한 자들을 기억하기란 쉽지 않다. 여행자는 도시민의 삶을 보기보다는 도시의 인상을 주로 볼 수밖에 없는 숙명을 가진 존재이기 때문이다. 도심재개발의 문제를 알고도 모른 체, 니스의 메세나 광장에서 지중해의 태양을 닮은 파스텔 톤의 건물들 사이로 느릿하게 도시를 관조하며 걷는다.

메세나 광장에서 멀지 않은 곳에 구시가지가 있다. 니스의 구시가 **Vieux Ville**는 프랑스 남부 지중해의 삶을 간직하고 있다. 구시가는 올

구시가의 거리와 주변 경관

드 타운으로서 니스의 역사를 품고 있는 곳이다. 18세기 이탈리아령의 건축 경관을 고스란히 지키고 있는 구시가는 미로형의 도시 구조를 지니고 있어서 굽이굽이 좁은 골목이 이어진다. 구시가가 아주 넓지는 않아서 골목길을 걷는 데 큰 무리는 없다. 좁은 골목에서 잠시 길을 잃어도 좋다. 길을 잃는다는 것은 주체적으로 길을 찾을 기회를 갖는 것이다. 골목을 걷다 보면 우연히 만나게 되는 것들이 많아서 여행자에겐 골목이 매력적인 공간일 수 있다. 골목에서 길을 잃을 경우 태양이 비추는 곳으로 발길을 따라가 보자. 태양이 이끄는 그곳에 지중해의 바다가 기다리고 있을 것이다. 골목길이 많은 구시가에는 사람들이 필요로 하는 모든 것들이 있다. 작은 레스토랑, 술집, 카페, 꽃가게 등 없는 것이 없다.

구시가의 골목 경관

구시가의 중심 도로는 살레야 대로 Cours Saleya이다. 니스를 찾는 사람들은 이 길을 따라서 주변의 모든 것에 관심을 보인다. 적색, 오렌지색 등의 벽면과 주황색 지붕을 가진 건물들이 이국의 풍경을 더해 준다. 좁은 골목길을 다니다 보면 상대적으로 넓은 광장이 나온다. 구시가에는 바로크 양식으로 지어진 생트레파르트 대성당Cathedrale Ste-Reparate이 있다. 단아한 2층 구조의 정문은 단순한 듯 화려한 모습이다. 연한 색깔의 벽면에 강렬한 태양이 머물면 벽면은 금방 하얀빛으로 변한다. 1650~1680년에 건축된 대성당은 광장을 가지고 있다. 대성당은 미사를 드리는 신자들뿐만 아니라 한여름의 지중해 햇살을 온몸으로 받으며 노상 카페에서 술과 음식을 먹고 수다를 떠는 사람들에게도 광장을 내어 준다. 이렇듯 구도심은 시간이 축적한 니스 시의 도시적 정취와 역사적 장소들로 고유한 도시 정체성을 이루고 있다(견진현, 181).

니스 구시가에서 유명한 것은 푸드마켓이다. 살레야 대로에 간이 판

구시가의 푸드마켓

매대를 마련하여 다양한 물품을 판매한다. 판매대에는 해와 비를 가릴 수 있을 정도로 빨간색과 녹색의 지붕을 만들어 놓았다. 노점에서는 과일, 채소, 향신료, 꽃 등을 판다. 니스 시민들의 일상을 엿보기에 좋은 곳이다. 거리 가운데에 자리 잡은 가게들은 화요일에서 일요일까지 오전에만 물건을 판다. 즉, 오전 장만 서는 것이다. 오전에 니스의 시민들은 생활용품을 사고, 관광객들은 기념품이나 소품을 산다. 노점을 열지 않는 월요일에는 이곳에 벼룩시장이 선다. 살레야 대로 끝에는 꽃시장도 열린다. 울긋불긋한 꽃들이 하루 종일 사람들을 맞이하고 있다. 시장이 서는 곳에서 길거리 음식이 빠질 수 없다. 이른 아침이나 점심 즈음에 이곳을 찾는 사람들을 유혹하기에 충분한 먹거리가 있다. 그중에서도 둥근 팬 모양의 소카socca가 눈길을 사로잡는다. 병아리콩으로 만든 바삭거리는 팬케이크인 소카를 한입 물고 골목이나 지중해 해변을 누벼도 좋다.

구시가의 인간적인 풍경은 가게의 의자 배치에서도 볼 수 있다. 가게 밖으로 내놓은 의자들이 한결같이 길거리를 향하고 있다. 여기에 앉아 술이나 커피를 한잔하면서 지나가는 행인들을 바라보는 재미가 있다. 다양한 인종, 문화, 언어 등을 가진 사람들이 가게 앞을 지나간다. 한 카페는 건물 쪽에는 등받이 의자를, 그리고 거리 쪽에는 등받이가 없는 둥근 의자와 둥근 탁자를 배치해 두었다. 이 노상 카페에 앉아 진한 커피를 마시며 생각에 잠기거나 무료하게 시간을 보낼 수도 있다. '생각의 증류소'Distilleries Ideales라는 카페 이름처럼 그곳에 앉아서 다양한 아이디어를 떠올릴 수도 있다. 여행 중 망중한을 즐길 시간을 가진 사람들은 바쁜 일상으로부터 비켜서서 자신을 돌아보기에 적합한 곳이다.

사람을 바라보면서 다시 나를 본다. 살레야 거리의 푸드마켓이 경쟁과 생존과 생활을 위한 삶의 현장이라면, 이곳 길거리 노상 카페는 삶을 생각하는 곳이다. 지중해를 바라보면서 사색에 잠기고 거친 삶에 쉼표를 주고 한 잔의 술에 삶의 시름을 잊을 수 있다. 이성보다는 감성에 충실하여 수상에 잠기기도 한다. 동적이고 거친 삶보다는 정적인 삶이 여기 있다. 광장의 노천 카페는 넘쳐 나는 수다보다

소카의 모습

는 조용한 대화가 어울리는 곳이다. 혼자 있으면 더욱 술맛이 날 만한 곳이다. 구시가에는 세월의 무게를 담은 가구와 어두운 조명이 있는 카페들이 곳곳에 자리한다. 그곳에 잠시 머물며 여유를 가져 보자. 니스에서는 가능하다. 니스니까.

구시가에서 자주 볼 수 있는 것은 쁘띠petite라는 단어이다. 쁘띠는 작다는 의미를 가지고 있다. 니스의 시가지를 돌다 보면 빵집, 옷 가게, 술병, 갤러리, 술집, 담배 가게, 편의점 등에서 쁘띠라는 단어를 흔하게 볼 수 있다. 빵, 사탕, 음식뿐만 아니라 심지어는 먹는 음식에도 쁘띠라는 접두사가 붙어 있다. 참으로 다양하게 쁘띠라는 단어를 수식어로 사용하고 있다. 사실 쁘띠는 니스를 포함한 프랑스 전역에서 쉽게 찾아볼 수 있다. '작은'이라는 단어는 어감이 좋다. 그리고 작기에 위화감이 적고, 친근감이 있어 좋다. 작은 골목길, 작은 빵집, 작은 갤러리 등은 때로 낭만적이기도 하다. 지중해의 햇살과도 잘 어울리는 단어이다. 따라서 일상의 제품이나 먹거리에 많이 붙어 있는 경향이 있다. 아마도 쁘띠는 오늘을 사는 사람들의 일상과 관련된 수식어인 듯하다. 쁘띠는 도움을 준다. 쁘띠는 의미를 부여한다. 다시 말하여, 쁘띠는 물리적 대상에 사람 냄새가 나도록 만드는 재주가 있다. 예를 들어, 쁘띠 빵은 빵을 만든 사람에게서 장인 정신이 묻어나게 하고, 빵을 먹는 사람에게는 먹고 싶은 마음을 들게 한다. 쁘띠를 오래된 도시의 골목에서 만나면 더욱 운치가 있다. 세월에 농익은 삶의 기억과 경험을 고스란히 담고 있기에 그렇다. 여행자에게 쁘띠는 낭만의 대상이다. 하지만 쁘띠 가게를 운영하는 자영업자에게도 삶이 쁘띠만큼 아름다울지는 모르겠다. 작아서 아름다울지는 몰라도 작아서 강한지에 대해서는 자신이 없다.

뻐띠라는 단어를 처음 접했던 때는 학창 시절 자본주의를 공부할 때였다. 그때 접한 개념이 '뻐띠 부르주아지'petit bourgeoisie이다. 유산계급인 부르주아지와 무산계급인 프롤레타리아트의 중간에 속하는 정도의 계급이다. 자본가도 아니면서 노동자도 아닌, 그 중간에서 소규모 생산수단을 소유하고 자신이나 가족의 노동력으로 살아간다. 도시의 자영업자가 가장 대표적인 사례로서, 자신이 사장이자 종업원이다. 하지만 뻐띠 부르주아지인 자영업자는 거대 자본 앞에서는 고양이 앞에 놓인 쥐 신세이다. 서로 간에 공존이란 쉽지 않다. 우리나라의 대형마트와 골목상권이 이를 잘 보여 주고 있다. 거대 자본의 이름으로 골목상권 자영업자의 생존권을 흔드는 모습을 쉽게 볼 수 있다. 거대 자본의 대형마트는 세간의 눈총을 피하기 위하여 슈퍼슈퍼마켓SSM이라는 생소한 개념으로 골목상권의 지배를 더욱 확장하고 있다. 또한 거대 자본은 프랜차이즈라는 이름으로 우리의 삶을 획일화하고 있다. 프랑스 니스에서 흔히 보이는 뻐띠가 이런 문제에 대한 대안이 될 것인지, 그리고 프랑스에서는 이 둘의 공존이 가능한지를 묻고 싶다.

대형 자본은 글로벌이라는 이름으로 공간적 확산, 아니 공간적 지배력을 높이고자 한다. 한 지역에서 승부를 내는 것이 아니라 동일한 브랜드로 시장 지배력을 높여서 이윤을 극대화하는 데 목표를 두고 있다. 반면에, 뻐띠는 시간의 영속성(永續性)을 중시하는 경향이 있다. 한 장소에서 오랜 시간 대를 이어서 가게를 운영하여 장인의 손길을 느끼게 한다. 뻐띠는 자기 정체성이 강하다. 아마도 이윤의 극대화보다는 이윤의 적정화를 지향한다. 그리고 지역 주민과의 호흡을 중시하고 서로 간의 오랜 믿음이 바탕을 이룬다. 니스의 거리에서 만나는 뻐띠는 작다.

하지만 한 장소에서 자기 정체성을 지니고 자신만의 역사를 만들어 가고 있다. 거대 자본이 주는 악어의 눈물로 사는 것이 아니라 골목에서 자신의 개성과 역사성을 지닌 존재로서 살아가길 기원해 본다.

니스는 나이스하다(Nice is nice)

니스의 아름다운 경관을 한눈에 볼 수 있는 곳은 장그레 산책로의 동쪽 끝 지점 바위산에 자리한 니스 샤또Chateau이다. 이곳도 여느 프랑스 남부의 도시처럼 상대적으로 높은 곳에 위치하고 있다. 니스의 앞바다와 해변을 한눈에 감시하고 조망할 수 있는 고지대에 자리한 것이다. 이곳의 전망대에서 시간에 따라 모습을 달리하는 니스 해안의 풍경을 바라보는 것은 니스 여행의 백미이다. 태양의 고도가 낮아지면서 해가 바다로 모습을 감출 즈음에 태양이 바다와 하늘에 토해 내는 붉은 노을은 매우 황홀하다.

해시계Cadran Solaire가 있는 곳에서 바라보는 니스의 경관도 아름답다. 해변이 끝나는 지점에는 니스의 시그니처인 '#I LOVE NICE'가 있다. 프랑스 국기의 색깔인 흰색, 파란색, 빨간색으로 도안한 시그니처에서 바라보는 앙주만의 해안 풍경은 매력적이다. 시그니처를 넘어가면 니스의 항구로 가는 길이다. 항구에서는 요트, 정박한 배 그리고 언덕 위로 형형색색의 건물들이 보인다. 이곳에서 인상적인 것은 절벽 위에 만든 인도이다. 대리석으로 만든 인도는 도로보다 낮게 되어 있고, 그 인도를 따라 어디에서든지 앉아서 바다를 볼 수 있도록 길게 이어 놓은 좌석이 있다. 그 자리에 앉아서 짙푸른 지중해를 하염없이 바

니스의 경관 © Flickr_Kristoffer Trolle

라봐도 좋다.

장그레 산책로의 해시계

하지만 니스에서 나이스하지 않은 사건도 있었다. 테러리스트들이 장그레 산책로에 모여서 관광을 즐기는 사람들을 대상으로 무차별적인 기습 테러를 감행한 것이다. 2016년 7월 15일 트럭을 몰고 온 테러리스트가 인도를 덮쳐 84명이 사망하고 수백 명이 부상을 당하였다. 무고한 사람에게 테러를 가하는 것은 그 어떤 명분에도 용납할 수 없는 일이다.

니스를 지배하는 경관은 바다와 해안이다. 니스는 지중해의 쪽빛 바다를 가지고 있다. 해안에서 멀어질수록 바다의 파란색 채도가 높아진다. 바다의 색은 하늘이 결정하고, 우리는 하늘이 결정한 바다의 색에

온 맘을 빼앗긴다. 특히 지중해의 쪽빛 바다라면 더욱 그렇다. 지중해의 바다는 파도를 일으켜 해안으로 접근한다. 바닷물은 일정한 간격으로 해안으로 들고 나기를 반복한다. 거대한 조류의 흐름에 지배를 당하면서도 마지막 포말을 만들며 해안에서 사라진다. 그리고 니스의 해안은 회색의 자갈들로 이루어진 몽돌 해안pebble beach이다. 자갈은 파도의 드나듦으로 인해 서로 부딪치며 둥글어져 몽돌이 되었다. 지금도 니스 해안의 돌들은 부딪치는 소리를 내며 더욱 부지런히 둥글둥글해지고 있다. 몽돌 해안은 해수욕장에 파라솔을 세워 두고 일광욕, 독서 등의 정적인 활동을 즐기는 사람들에게는 멋진 장소이다. 하지만 비치발리, 공놀이 등을 즐기는 사람들에게는 불편한 장소가 될 수 있다. 그래서 니스 해안의 일부에는 인공적으로 만든 모래사장이 있다. 몽돌 해안에 인공 모래사장을 만들어 해안을 찾는 사람들의 욕구를 충족시켜주고 있는 것이다.

니스의 해변은 민영 해변과 공영 해변으로 구분되어 있다. 즉, 유료해변과 무료 해변으로 나누어진다. 민영 해변은 대부분 해변에 위치한 대형 호텔들이 운영하고 있으며, 해안에는 비치파라솔, 해변 의자sun deck, 카페가 있고, 비치발리볼과 어린이 수영장 등을 갖추고 있다. 바다에는 파라슈트와 제트스키 등을 위한 해양레저시설들도 있다. 반면에 공영 해변에는 부대시설들이 없고 샤워시설만을 갖추고 있다. 니스에는 바다를 이용하는 데도 이렇듯 자본의 질서가 있다. 해변에 들어서 있는 고급 호텔이 니스의 아름다운 해변과 바다를 점유하고 있음이 유쾌하지는 않다. 겨울의 니스 해변을 지키고 있는 샤워장만이 지난 여름 사람들이 해변을 나눈 흔적을 기억하고 있다.

니스의 해안가에는 20여 m 폭의 산책로가 있다. 해안을 따라서 자리한 4km 길이의 '장그레 산책로'**Promenade des Anglais**로서, 일명 '영국인의 산책로'라고 불린다. 1822년에 영국인이 이곳에 와서 겨울을 보내기 위하여 코트다쥐르를 개발한 데서 비롯되었다. 바다와 해안이 자연에 속한 영역이라면, 산책로는 인간의 영역이다. 그리고 그 경계에는 계단이나 콘크리트로 이루어진 경사면이 있다. 산책로는 니스의 바다와 주변 경관을 즐기기에 좋은 곳이다. 산책로에 놓인 하얀 벤치는 모두 파란 바다를 바라보고 있다. 벤치에 앉아서 지중해의 앙주만을 바라보는 것만으로도 삶이 풍족하게 느껴진다. 여기에 앉아서 오가는 사람들, 부서지는 하얀 포말, 푸른 바다 등을 한적하게 바라볼 수 있다. 산책로를 따라서 심은 야자수는 남국의 정취를 더해 주고, 산책로 옆에는 자전거길이 있다. 자전거길에 익숙하지 않은 여행객들은 안전사고를 조심할 필요가 있다. 이곳 산책로에는 가로등이 있어서 해거름에 가로등을 따라서 호젓하게 걷는 운치도 좋다. 산책로 옆에는 왕복 8차선

장그레 산책로의 경관

의 도로가 있다. 해안을 따라서 놓인 도로에는 버스가 다닌다. 이곳은 대중교통인 버스 노선이 잘 되어 있어서 편리하게 이용할 수 있다. 이 도로는 앙주만의 서쪽 끝단 니스-코트다쥐르 공항**Aéroport Nice Côte d'Azur**과 동쪽 끝단의 몽-보홍 공원**Parc du Mont Boron**을 연결해 주고 있어서 니스를 찾는 사람들을 공항에서 니스의 해안과 구도심으로 안내하는 관문의 역할을 하고 있다.

해변의 각종 시설 지구에는 호텔, 레스토랑, 카페, 별장, 정원, 박물관, 미술관, 컨벤션 센터 등이 있다. 니스를 찾는 사람들이 잠을 자고 먹고 놀기에 좋은 곳이다. 8차선 도로를 넘으면 바로 니스 해변으로 나갈 수 있고, 바닷가에 위치한 시설들은 방 안에서도 지중해의 쪽빛 바다를 감상할 수 있다. 니스를 눈으로 즐길 거냐 아니면 몸으로 즐길 거냐의 선택은 이곳에서 일어난다. 자본의 질서가 가장 크게 작동하는 곳 또한 이곳이다. 더 좋은 경관을 누리고 더 안락한 휴가를 보내기 위해 고급 호텔을 이용한다면 비싼 비용을 지불해야 한다. 시설과 문화를 향

니스 해안의 숙박시설

유하는 데 있어서 비용 차이가 크게 나타난다. 그러나 여행의 만족은 여행에 사용하는 비용과 비례하지 않는다는 점이 여행을 할 만하게 만든다. 여행은 주체적 존재로서 세상과 대화하는 정도에 따라서 그 성공 여부가 결정된다.

일반적으로 바다, 해변, 산책로, 도로와 숙박시설 등처럼 바다와 접한 지역을 워터프런트waterfront라고 부른다. 니스의 워터프런트는 구시가와 바다를 이어 주는 배후지로서, 구시가가 가진 문화 역사적 콘텐츠와 바다가 가진 관광, 휴양, 문화 등의 풍부한 활동을 이어 주는 기능을 하고 있다.

니스는 원색의 장소이다

니스는 원초적인 색감의 도시이다. 도시 곳곳에서 눈에 보이는 색깔마다 인상적이다. 색의 향연이 파노라마처럼 펼쳐진다. 색이 눈을 자극하고, 눈이 본능적으로 색을 쫓는다. 가시광선을 통해 눈으로 들어온 피사체의 색깔들이 매혹을 넘어 나를 미혹한다. 장그레 산책로에서 만난 색들이 그렇다. 쪽빛 바다, 회색의 돌, 짙푸른 산책로 보호대와 의자, 하얀 건물, 붉은 건물, 노란 건물, 연한 핑크빛 건물, 주황색 지붕, 다시 푸른 하늘, 푸른 하늘을 수놓은 하얀 구름, 노란색 쓰레기통, 빨간 우체통 등. 어떤 화가라도 자연이 주는 원색 이상으로 표현하기란 쉽지 않다. 니스의 원색은 곧 인간의 원초적인 본능을 가장 많이 닮아 있다고 해도 과언이 아니다. 니스의 자연 풍경을 닮으려고 노력한 대표적인 화가가 마티스Matisse이다. 그는 "섬세한 묘사를 거부하고 강렬한 색

마티스, 1948, 붉은 빛의 커다란 실내, 파리 국립현대미술관
© Flickr_Irina

마티스, 1952, 푸른 누드 I·II·III·IV, 마티스 미술관

채와 대담하고 야만적인 조화를 추구"(곰브리치, 570-571)하였다. 그가 야수파Les Fauves로 불린 것은 "자연 형태를 정면으로 무시하고 강렬한 색채를 적극적으로 사용했기 때문이다."(곰브리치, 571). 그는 야생의 짐승과 같이 원초적인 원형을 표현하고자 원색을 사용하여 대상을 거칠게 표현한다. 마티스는 1916년부터 니스 시내의 이곳저곳을 옮겨 다니다 프로방스 스타일의 대저택이 즐비한 시미에Cimiez 언덕에 정착했다. 큰 창으로는 햇살이 쏟아져 들어오고, 니스 앞바다가 한눈에 펼쳐지는 레지나 호텔의 3층에 아틀리에를 꾸민 마티스는 이곳의 햇살을 가위로 자르며 새로운 형태의 예술을 개척했다(장다혜, 145).

나는 마티스의 정열적인 색상을 학창시절 미술시간에 처음 접하였다. '붉은 빛의 커다란 실내'는 니스에서 흔히 볼 수 있는 빨강, 노랑, 주황, 하얀 색깔을 담고 있었음을 새삼 기억한다. 그림의 대상은 일상의 삶에서 접할 수 있는 것들이어서 친근감이 있었다. 언뜻 보면 마티스가 그림을 대충 그린 듯해 미술시간에 나로 하여금 불필요한 자신감을 갖게도 했다. 내가 좋아하는 마티스의 그림은 '푸른 누드'이다. 니스의 쪽빛 바다와 파란 하늘을 닮은 듯하다. 나는 이 그림의 제목을 '파란 누드'로 하고 싶다. 어감상 '푸른'보다는 '파란'이 더 강하고, 니스의 하늘과 바다를 잘 표현하기 때문이다. 니스에서는 마티스의 그림과 같은 풍경을 곳곳에서 쉽게 볼 수 있다.

니스에는 마티스와 함께 샤갈이 있다. 샤갈의 작품을 모아 놓은 장소가 샤갈 미술관이고, 공식 이름은 '국립 마르크 샤갈 성서이야기 미술관'이다. 샤갈이 성서이야기를 주제로 그린 그림을 이곳에 기증하여 만든 미술관이다. 샤갈의 그림에서도 원초적인 색채가 눈에 들어온다. 태초에 세상을 창조하신 하나님도 좋아할 만한 색감은 천연색의 화려함일 것이다. 나는 샤갈의 표현 방식인 기하의 큐비즘보다는 그가 사용한 색감에 더 관심이 간다. 니스의 근교인 방스**Vence**에서 삶을 마감하는 날까지 샤갈은 프랑스를, 아니 니스를 사랑하였다.

니스는 항구도시이다. 하지만 니스는 항구보다는 '앙주만'**Baie des Anges**, 즉 '천사의 만'의 몽돌 해수욕장으로 유명하다. 지중해의 태양과 쪽빛 바다를 즐기고자 하는 사람들이 니스로 몰려든다. 한여름 작열하는 태양 아래서 일광욕을 즐기고, 사순절이 시작되기 전 카니발에 취하는 흥이 가득한 도시이다. 니스는 과거 이탈리아의 땅이었지만, 이탈리아의 독립을 위하여 프랑스에 내준 땅이다. 니스는 프랑스 남부

니스 항구의 모습

의 도시들처럼 로마, 이탈리아, 다시 프랑스로 국가 정체성이 여러 차례 바뀌었다. 그리고 북부 아프리카와의 인접성으로 다양한 인종과 국민이 함께 더불어 사는 도시이다. 그래서 니스는 타 문화나 타 인종과 조화를 이루는 데 천부적인 유전인자를 지닌 곳이다. 니스를 여행하면서, 아마도 릴케처럼 "여행을 묘사하면서 일어난 일을 해석하려는 경향, 즉 눈이 인지한 것을 마음의 빛으로 조명하려"(라이너 마리아 릴케, 180) 했다. 코트다쥐르 지방을 대표하는 도시, 니스가 보여 주는 풍경을 나의 인상으로 전환하였다. 니스의 지중해 풍경이라는 텍스트를 나의 오감과 인식이라는 장치를 통하여 인상이라는 콘텍스트context로 전환하여 오랫동안 니스를 간직할 것이다.

Chapter 5

문화의 교차로,

마르세유Marseille

니스에서 기차를 타고 마르세유Marseille로 향했다. 기차는 프랑스 남부 지방을 스쳐 지나간다. 기차의 창밖으로 보이는 남쪽 나라의 풍광에 눈을 맞추었다. 산, 소도시, 농장, 가로수, 하천 등 여느 프랑스에서 볼 수 있는 것들이 스쳐 지나간다. 기차는 코트다쥐르의 니스를 떠나 프로방스의 마르세유로 가고 있다. 프로방스는 프랑스 남부의 낭만이 깃든 곳이다. 수많은 사람들이 프로방스에서 낭만을 꿈꾸며 이곳으로 왔다. 1911년에 시인 릴케는 그의 지인인 헤드비히 피셔Hedwig Fischer에게 "프로방스 여행은 참으로 아름다웠습니다. 당신도 꼭 한 번 가 보시길" 바란다고 했다. 나도 릴케처럼 프로방스가 아름다운 곳인지 정말 경험하고 싶었다. 프로방스로 가기 위한 길목인 마르세유부터 방문하였다.

마르세유 역은 프랑스 남부의 최대 도시라는 위용을 보여 주기에 충분하다. 트러스트 구조의 천장과 햇빛을 투과시키기 위한 반투명 유리 천장이 오래된 역임을 한눈에 보여 준다. 마르세유를 떠나는 기차와 마르세유로 들어오는 기차의 플랫폼이 철길 방향으로 길게 늘어서 있다. 기차역이 마치 거대한 삼각 터널과 같은 느낌이다. 마르세유의 기차역 모습에서 모네Monet의 '생 라자르 역, 도착한 열차' 그림이 떠올랐다. 인상파 화가인 모네는 기차와 관련된 그림을 연작으로 그렸다. 특히 파리의 생 라자르 역을 드나드는 기차와 기차역을 그린 그림이 유명하다. 증기기관차는 기차역에 들어오면서 수증기를 역 안에 가득 채우고 있다. 이 그림에서 보이는 기차역의 천장 구조가 마르세유 역의 모습과 흡사하다. 이런 기차역은 낭만의 대명사이던 우리의 기억을 소환하기에 좋다.

모네, 1877, 생 라자르 역, 도착한 기차

검은색의 마르세유 역 플랫폼이 나를 추억여행으로 이끈다. 기차라는 이름만으로도 충분히 낭만적인 시절이 있었다. 어릴 적 기차여행 코스는 전주역에서 기차를 타고 군산으로 가, 군산의 도선장에서 배를 타고 금강을 건너 장항으로 간 후 장항역에서 기차를 타고 천안역까지 가서 다시 호남선으로 갈아타고 익산역으로 다시 전주역으로 돌아오는 길이었다. 가장 느리고 값이 제일 싼 비둘기호를 타고 하루를 보내는 여행이었다.

니스에서 마르세유로 가는 길에서 맹목적으로 빠름에 목숨을 거는 시대에서 비켜나 느림의 미학을 맛보고 싶어진다. 하지만 기차는 니스에서 마르세유까지 느린 듯 재빠르게 2시간 30분 만에 도착하였다. 마르세유 역에 도착하자 사람들은 저마다 짐을 찾아서 플랫폼을 빠져나간다. 덩달아 플랫폼을 빠져나왔지만 낯선 마르세유 역에서 어디로 가야 할지 모르겠다. 길을 헤매는 것은 나를 능동적 여행자로 만든다. 사방의 단서에 촉각을 곤두세우며 길을 찾아 나선다. 가능한 한 스마트폰에 의존하지 않고 인지 능력을 총동원해서 방향 감각을 회복한 후 마르세유 역을 빠져나온다.

마르세유 역에서 가까운 곳에 미리 예약한 호텔에 여장을 푼 후, 지하철 1호선을 타고 구(舊)항구Vieux Port를 찾아갔다. 구항구는 지하철역에서 에스컬레이터를 타고 밖으로 빠져나오자마자 모습을 드러내 주었다. 내륙으로 깊게 들어온 만(灣)에 자리한 구항구는 마르세유의 기원지이다. 마르세유의 역사는 기원전 600년 무렵으로 거슬러 올라간다. 이 무렵 마르세유의 구항구에 자리 잡은 그리스 선원들이 이곳에 지중해 교역소인 마실리아Massilia를 세웠는데, 이것이 오늘날 마르세유의 기원이 되었다. 2천 600여 년 전 소아시아의 그리스 도시 포세아에 출신 선원 프로티스와 원주민인 리구리아 족장의 딸 집티스의 혼인으로 세워진 고대 도시인 마살리아 전설이 회자되는 곳이다(장니나, 2013년 11월 20일, 교수신문).

마르세유는 지중해에 접한 항구다. 항구는 배가 드나드는 곳이다. 배가 드나듦은 곧 사람이 오간다는 말이다. 사람은 생각하는 동물이자 습관에 익숙한 존재이다. 그 습관은 문화의 산실이다. 문화는 성격이 묘하다. 문화는 자신의 정체성을 강하게 가지면서 다른 문화를 배척하는 성질을 가지지만, 인접하여 살다 보면 문화와 문화가 만나서 함께 변하기도 한다. 소위 문화접변을 한다. 하지만 어느 문화는 다른 문화에 흡

수되어 사라지기도 한다. 지중해의 교역소였던 마실리아에서 기원한 마르세유의 항구는 상업의 중심지 기능을 한다. 과거 지중해를 주름잡던 제국들이 이곳을 오갔다. 페니키아, 그리스, 이탈리아, 로마, 에게해의 로도스섬, 이베리아 등에 이르기까지 지중해의 문명과 문화를 가진 자들이 마르세유로 모여들었다. 지중해 패권의 시대를 넘어, 마르세유는 1480년 프랑스로 편입되었다. 중세에는 북부 아프리카와 교류가 급증하였다. 마르세유가 프랑스의 항구도시로서 성장한 것은 프랑스의 식민지 정책과 함께한다. 프랑스는 북부 아프리카 식민지 침략의 전진기지로서 마르세유를 택하였다. 제국주의의 선봉에 서서 아프리카 침략의 교두보 역할을 한 것이다. 그 결과 북부 아프리카 피식민지 국가의 사람들이 마르세유로 유입되었다. 북아프리카에서 이주해 온 이주민들은 도시의 빈민을 형성하였고, 도시 면적의 확장을 가져왔다. 이는 곧 마르세유에 인종의 다양성, 문화의 다양성을 가져오는 원인이 되었다. 긴 역사를 통해 다양한 인종이 함께 사는 마르세유는 전체 인구의 1/4이 아랍과 아프리카에서 이주해 온 외국인으로, 때로는 보이지 않는 긴장이 발생하기도 하고 때로는 다양한 문화에 의해 삶의 리듬을 변화시키고 있다(홍석기, 83).

지금도 마르세유는 항구도시다. 서쪽으로는 이베리아반도로, 동쪽으로는 이탈리아와 그리스로, 남쪽으로는 북아프리카로 연결되는 교차로이다. 과거 무역과 교역의 중심지가 구항구이다. 무역은 상품을 사고파는 것과 동시에 상품의 교류가 이루어지는 행위이다. 비교우위에 있는 상품들을 서로 주고받는 행위를 함으로써 이윤을 창출한다. 당연히 타지에서 들여온 상품은 문화충격을 야기하고, 기존 시장 질서에 혼란

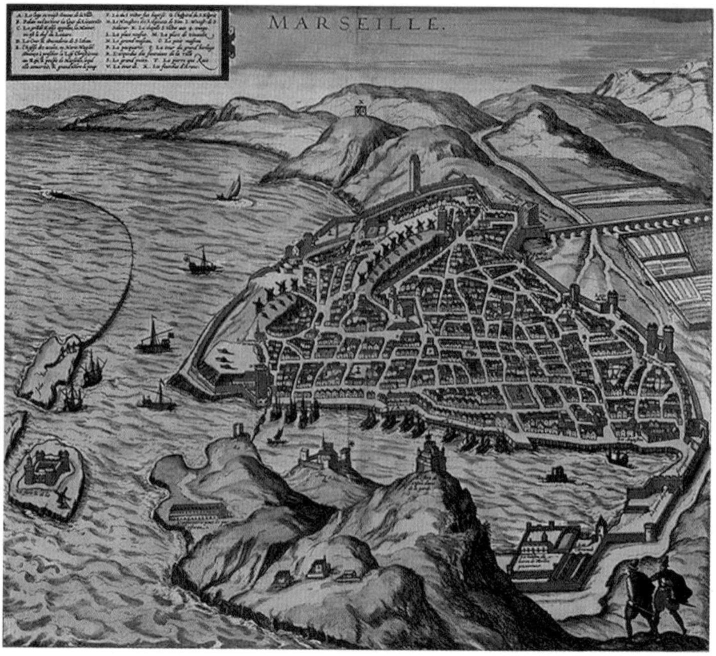

1575년경의 마르세유

을 가져오기도 한다. 그 대표적인 예화를 들어 보자.

> 프랑스에서 처음으로 커피를 수입해서 마시기 시작한 곳이 이곳 마르세유다. 1644년 마르세유는 알제리, 모로코, 튀니지 등의 이슬람 지역과 활발하게 물자를 거래했고 수입품 중엔 이집트산 커피도 있었지만, 커피는 한동안 약재로 약국에서만 팔았다. 1650년경 마르세유의 거상 피에르 드 라 로크(Pierre de la Roque)가 콘스탄티노플을 여행하면서 커피를 가져와 주변 상인들과 나눠 마시면서 음료로서 커피를 처음 알리기 시작했다. (중략) 커피의 대중화가 못마땅한 이들이 있었으니 바로 와인 양조업자들이었다. 커피가 와인 산업을 몰락시킨다고 믿은 그들은

이 까맣고 요상한 냄새가 나며 잠을 달아나게 하는 음료가 몸에 치명적이라는 루머를 만들어 냈다. 수많은 루머 중 많은 이들을 공포로 몰아넣은 것은 다름 아닌 '성욕 감퇴'였다. (장다혜, 259-260)

구항구의 중심 이미지는 내륙 깊숙이 들어온 파란 바다에 정박하고 있는 요트 풍경이다. ㄷ 자형을 하고 있는 내항에는 돛대**mast**를 하늘로 곧추세우고 정박해 있는 하얀 요트들이 바다와 색의 대비를 이루고 있다. 곧추세워진 요트의 돛대들이 주인에게 장대를 들고 시위를 하는 듯하다. 요트들은 빼곡하게 그러나 질서정연하게 계류장의 좌우에 정박해 있으면서 지중해의 항해를 기다리고 있다. 항구의 가운데에는 요트들이 오가는 해로가 있다. 항구 주변에는 마르세유의 역사를 간직한 고건축물들이 반듯하게 도열해 있다. 항구 남쪽에는 티아르 광장**Place Thiars**이 있고, 주변의 높지 않은 건물에는 레스토랑, 패스트푸드점, 술집 등이 있다. 항구의 끝에 자리한 파로 정원**Jadin du Pharo**은 지중해로 나가는 곳이자 지중해의 석양을 즐기기에 좋은 곳이다. 또한 항구의 가로등이 인상적이다. 뾰족한 지주에 새의 부리 모양을 하고 있는 가로등이 주황색 불빛을 내니 석양의 황혼과 너무도 잘 어울린다.

구항구의 명물은 '스테인리스 스틸 미러 파빌리온'**Stainless Steel Mirror Pavilion**이다. 구항구를 찾을 때 거울에 비친 길바닥의 모습이 이색적이다. 이 조형물이 마르세유의 명물로 탄생한 계기는 마르세유가 2013년에 유럽 문화수도**European Capital of Culture**로 선정되면서부터이다. 세계적인 건축가인 노먼 포스터**Norman Foster**가 만든 작품으로, 거울로 된 천장이 세상의 모든 것을 비추고 있는 듯하다. 천장의 거

마르세유의 구항구

울은 세상을 떠도는 배, 일상의 삶을 살아가는 사람, 생계를 위해 부지런히 일하는 상인, 지중해의 어느 바다에서 잡혀 와 좌판에 놓인 생선들, 그리고 이곳을 찾은 여행자들 등 세상의 모든 것을 거꾸로 담아내고 있다. 이곳에서는 아침마다 어시장**fish market**이 선다. 겨울에는 노엘마켓이 선다. 광장 한 곳에는 마르세유의 M을 형상화한 상징물이 서 있다.

구항구가 오늘날처럼 깔끔하게 단장된 것은 지중해 도시의 재개발 결과이다. 과거 이곳은 북아프리카의 이주민, 도시 빈민, 불법체류자 등으로 인하여 낙후 지역이었다. 그 옛날 영화롭던 마르세유 항구의 모습은 간데없고 그저 생존을 위한 몸부림만이 처절하게 남은 곳이었다. 그러던 중 유럽을 지배하던 지중해의 영화를 재건하고자 하는 노력이 일었다. 프랑스 중앙정부는 마르세유의 역사지리적 위치의 중요성을 인정하고, 마르세유를 유럽과 지중해를 연결하는 중심지로 발전시키

구항구의 스테인리스 스틸 미러 파빌리온

기 위해 유럽연합과 지중해 국가 간의 협조를 받아 지중해 문화와 문명의 이해와 대화, 경제 교류와 지식 개발을 위해 유로 메디떼라네 특구를 설치했다(홍석기, 5). 이것이 유로 메디떼라네Euro Mediterran´ee 프로젝트이다. 이의 목적은 마르세유의 사회, 경제, 역사의 상징적 장소인 구항구 주변 건축물의 문화재적 가치를 발굴하고, 이를 재건축하여 보존하는 데 있다. 그리하여 1996년부터 재개발을 시작하였으며, 원칙적으로 고건물을 철거하지 않고 전체 외관을 수선하여 복원하고, 건물의 내부는 자유롭게 고쳐 상업시설로 사용할 수 있게 하였다.

마르세유는 무섭다. 마르세유의 잦은 테러 소식은 여행자를 움츠리게 한다. 마르세유를 여행하는 중에 국내 통신사와 외무부에서는 어김없이 치안이 불안하니 조심하라는 문자 메시지를 약속한 듯이 전달한다. 마르세유를 여행하면서 두려움, 재해, 공포 등에 대한 지각(知覺)perception을 생각해 볼 기회를 가졌다. 보통 공포에 대한 두려움은 거리가 멀수록 크게 느끼는 경향을 가진다. 외국인들이 분단국가인 한국에 대해서 전쟁의 위험에 대한 지각이 높은 것과 같은 원리이다. 마르세유에 살지 않는 사람으로서 이곳을 여행하는 데 두려움이 앞서는 것은 사실이다. 테러 현장이었던 마르세유 역을 지날 때면 더욱 긴장이 된다. 본능적으로 주변을 경계하고 오가는 사람들도 예사롭지 않게 보게 되며 특히 지나는 차량에도 눈길이 간다. 마르세유는 인종, 문화, 종교의 박물관이라고 할 정도로 다양한 배경을 가진 사람들이 거주한다. 유럽, 아프리카, 아시아 등지에서 온 많은 이주민들이 이곳에 살고 있다. 특히 북아프리카에서 온 사람들은 테러분자라는 고정관념을 발동하게 한다. 이것은 프랑스의 업보이다. 프랑스는 과거 식민지의 사람들을 값싼 노동력을 공급하기 위한 노동자로 끌어들였다. 그리고 그 후세들을 도시의 빈민이나 이단아로 살아가게 만들었다. 그들은 살아가기 힘들기에 범죄에 노출되기 쉽다. 마르세유 도심이나 구항구에서는 조심에 조심을 할 필요가 있다. 프랑스 현지인들도 여행하기를 주저할 정도이니, 특히 늦은 밤에 혼자서 도시의 골목길을 걷는 것은 삼가야 한다. 여행지에서 일어나는 사고의 대부분은 혼자, 사람이 적은, 낯선 곳을, 무모하게 가는 것을 감행할 때 일어난다. 지하철 안에서 만난, 제3세계 출신으로 보이는 사람들을 철통같이 경계하며 시내로 들어섰다. 나의 선입견이 나의 몸과 행동을 지배한다. 지하철 밖으로 나와도 상황은 같다. 인종의 편견이 피부 밖으로 스멀스멀 피어오른다. 구항구를 비롯해 사람들이 모이는 곳에는 어김없이 총으로 중무장한 경찰들이 경계를 서고 있고, 광장이나 유명 도로 등에는 테러범의 차량이 돌진하지 못하도록 콘크리트 블록을 촘촘히 세워 두었다.

마르세유는 다문화 도시이다. 도시의 다문화를 접하고 싶으면 줄리앙 대로Cours Julien로 가면 된다. 노트르담 듀 몽Notre Dame du Mont 지하철역에서 내려 광장으로 나가면 마르세유의 다문화 현장을 볼 수 있다. 지하철역에서부터 현란한 그라피티가 나를 맞이한다. 에스컬레이터를 타고 나오자마자 광장이 나온다. 좁은 광장에는 칙칙하고 낡은 건물, 슈퍼마켓, 타투, 작은 성당 등의 도시 경관이 눈에 들어온다. 좁은 도로에는 자동차가 빼곡하게 주차되어 있다. 어둠이 몰려온 광장 주변은 매우 어둡고, 건물들은 재건축을 필요로 할 정도로 낡아 보인다. 이곳에는 한인 식당도 있는데, 그곳의 셔터에도 온갖 그라피티가 가득하다.

마르세유는 다양한 문화적 배경을 가진 사람들이 거주하는 곳이기에 다문화의 삶이 익숙하다. 상대적으로 가난한 지역일수록 거주자의 문화적 차이가 큰 영향을 끼친다. 잠시 슈퍼마켓에 들러서 주민들의 삶의 현장을 체험해 보는 것도 재미있다. 슈퍼마켓에는 기본적으로 유럽인의 생활양식에 어울리는 상품들이 주류를 이루지만, 인도, 아랍, 아프리카, 중국, 한국, 일본 등의 식품코너도 있다. 다양한 나라의 식품들을 진열하고 있는 것이 이곳의 다문화적 배경을 증명해 주고 있다. 그리고 지하철역에서 북쪽으로 가면 줄리앙 대로로 이어진다. 거리는 온통 지중해의 화려한 색상으로 치장한 그라피티의 천국이다. 한때 저항의 상징이었던 그라피티는 이제 도시의 한 문화로 자리 잡았다. 알 듯 모를 듯 한 언어와 그림이 난무한다. 나는 아직 그라피티 문화에 익숙하지 않아서 몸이 바로 경계심을 갖는다. 이슬람, 기독교 등의 종교 상징, 각종 캐릭터, 광고 등의 내용을 담고 있다. 이 거리에서는 비주류의 저항

문화가 하위 문화를 넘어서 주류 문화임을 당당히 역설하고 있다.

마르세유의 다문화를 지배하는 집단은 아무래도 모로코, 리비아 등 북아프리카 출신이고, 종교적으로는 이슬람교를 믿는 사람들이다. 그래서 프랑스의 마르세유는 아랍인들의 수도라는 별칭을 갖고 있다. 백인에서부터 까무잡잡한 피부를 가진 인종에 이르기까지 인종이 매우 다양하며, 얼굴에 수염을 기른 사람들도 많다. 프랑스 극우주의자들은 제국주의 프랑스가 아프리카를 식민 지배함으로써 자초한 프랑스의 다인종, 다문화 사회를 인정하고 존중하지는 못할망정 프랑스 내의 흑인이나 아랍, 아프리카인들을 인종 차별하고 심지어 인종 혐오를 넘어 백색 테러까지 감행하기도 한다.

마르세유는 프랑스혁명을 지지한다. 1792년 혁명 전사들이 파리로 출정하면서 행군가를 불렀다. 그들이 불렀던 '라 마르세예즈'La Marseillaise는 프랑스의 국가(國歌)가 되었다. 그 가사를 보면, 혁명 전사들의 사기가 얼마나 충천했는지를 충분히 알 수 있다. 프랑스의 자유, 평화 그리고 박애를 실현하고자 한 그들의 마음을 읽을 수 있다.

가자, 조국의 아들딸들아.
영광의 날이 다가왔다.
우릴 치려고 저 독재자는
살육의 깃발을 올렸다.
살육의 깃발을 올렸다.
들리는가, 저 들판에서
짖어 대는 흉악한 군인들이

우리 턱밑까지 왔다.
그대들 처자식의 목을 베러.
무장하라, 시민들이여.
대오를 정렬하라.
전진, 전진!
저 더러운 피
고랑을 적시게!

마르세유는 출애굽의 장소이다. 마르세유는 나치 정권하의 많은 유대인들이 미국이나 남미 등으로 밀항하거나 망명을 했던 출발 장소로 유명하다. 독일 나치 정권이 유럽의 수백만 유대인을 학살할 때, 독일의 지배하에 들어간 나라들은 유대인 학살에 소극적 저항을 하였다. 당시 나치로부터의 해방구 중 하나가 제2차 세계대전 당시 이탈리아의 지배를 받고 있던 프로방스의 마르세유였다. 한나 아렌트는 "프랑스로부터 유대인을 소개시키려는 모든 야심 찬 계획들이 사실상 '취소'되어야 했다. 수만 명의 무국적자들이 숨었고, 또한 수천 명이 이탈리아령의 프랑스 지역인 코트다쥐르로 도피했는데, 그곳에서 유대인은 출신지와 국적에 상관없이 안전하게 지낼 수 있었다."(한나 아렌트, 244–245)라고 증언하고 있다. 아이러니하게도 유럽에서의 유대인 학살은 미국에 새로운 호기가 되었다. 미국이 학살 위기에 처한 유대인 학자들을 대거 받아들인 것이다. 선택의 여지가 없는 유대인 학자들은 미국행을 감행하였다. 마르세유는 북아프리카, 미국, 그리고 멀리 남미로 나가는 출구였다. 유대인들은 유럽의 게토ghetto를 떠돌던 신세에서 다시 유럽 밖에서 디아스포라의 아픔을 겪어야 했다. 디아스포라는 살던 곳을 벗어나야 하는 운명이기에 모든 기득권과 재산을 포기하고 떠나야 하는 현실을 받아들여야 했다. 이곳 마르세유 항구에서 남미로 탈출한 사람 중 레비스트로스Levi-Strauss라는 유명한 인류학자가 있다. 그는 위대한 책 「슬픈 열대」에서 그 내용을 잘 소개하였다.

> 나는 세벤(Cevennes)에 있는 집으로 돌아가 있었는데, 퇴각전(退却戰)의 결과로 그곳에서 멀지 않은 몽펠리에에서 나는 우연히 소집해제가 되어 버렸다. 그래서 마르세유를 어슬렁거리며 돌아다니다가 항구에서 사람들이 이야기하는 것을 주워들었는데 어떤 배 한 척이 곧 마르트니크(Martinique)로 떠나게 되어 있다는 사실을 알아냈다. 이 부두에서 저 부두로, 또 사람들이 모이는 곳마다 이리저리 수소문한 결과, 마침내 문제의 배를 알아낼 수 있었다. 그것은 바로 예전에 프랑스의 대학 사절이 브라질을 오가던 몇 해 동안, 충실하고도 독점적인 고객 노릇을 했던 '해양운수회사' 소속의 선박이었다. (레비스트로스, 117)

마르세유는 프랑스의 제2도시로서, 유럽에서 가장 지중해다운 도시이다. 지중해의 동과 서의 문화를, 그리고 유럽과 아프리카를 잇는 교차로 도시이다. 마르세유는 시간이 빚은 고건축 경관, 다양한 장소에서 이주한 자들이 낳은 다문화 경관, 지중해의 원초적인 색감, 이곳에 오기도 전에 갖는 공포와 두려움, 나치 치하에서 유대인이 유럽을 탈출하던 출발지로서의 역사 등을 가진 도시이다. 또한 십자군 전쟁의 출발지이자 제국주의 침략의 전진기지이기도 했다. 자국의 프랑스혁명에 500명의 혁명 전사를 당당하게 파병한 도시이기도 하다. 나라 밖으로는 제국주의와 식민지 건설로 자국의 이익을 도모하고, 나라 안에서는 자유와 평등과 사랑을 주창하는 아이러니를 가진 전형적인 도시이다. 이처럼 복잡하고 다층적인 문화와 역사를 가진 도시를 짧게 그리고 빠르게 걸었다. 마르세유 시내의 거리를 걸어 다니면서도 긴장의 끈을 놓을 수 없다. 여행자는 마르세유가 가진 역사, 문화, 경제에 대한 관심 못지않게 실존적인 위험도 염두에 둘 수밖에 없다. 여행자는 가족이 있는 집으로 돌아가야만 하는 소중한 존재이기에 그렇다.

Chapter 6

세잔의 도시,
엑상프로방스 Aix-en-Provence

마르세유에서 기차를 타고 엑상프로방스Aix-en-Provence로 향했다. 이른 아침 마르세유에서 엑상프로방스로 향하는 기차에는 젊은이들로 가득하다. 옷차림을 보아서는 여행자들 같지 않다. 기차역에서 내릴 때 보니 프랑스 남부의 유서 깊은 엑스-마르세유 대학교Aix-Marseille University 학생들인 듯싶다. 1409년에 설립된 이 대학은 프로방스에서 학문과 예술의 중심지로서 역할을 하고 있다. 작은 소도시 엑상프로방스 인구의 1/3이 대학생이어서인지 도시가 젊은이들로 가득한 것도 무리는 아니다. 기차역에서 내린 학생들은 학교로 가고, 여행자인 나는 엑상프로방스의 미라보 거리를 찾아 나섰다.

기차역에서부터 엑상프로방스의 도시 속으로 걸어 들어갔다. 가장 먼저 나의 시선을 사로잡은 것은 플라타너스 가로수이다. 플라타너스는 세월의 무게를 켜켜이 쌓은 표피가 벗겨지고 갈색으로 변한 잎들을 아직도 나뭇가지에 달고 있었다. 플라타너스나무는 일정한 간격으로 도로의 양쪽에 심어져 있고, 뚱뚱한 아름드리 나무통이 나무의 나이를 말없이 알려 준다. 플라타너스나무는 오래된 도시를 더욱 고풍스럽게 해 준다. 여름에는 녹음 가득 무성한 넓은 잎으로 오래된 도시에 생기를 불어넣어 주고, 겨울에는 길거리에 떨어져 도시의 운치를 더해 준다. 엑상프로방스에서 플라타너스 가로수 길을 걷는다. 그리고 점점 프로방스로 빨려 든다.

아름드리 플라타너스 가로수가 일정한 간격을 두고 무성한 가지를 머리에 인 채 꼿꼿하게 서 있다. 가로수 사이마다 노점의 좌판들이 펼쳐져 있고, 노점상은 그 위에 하얀 천을 깔고서 물건을 진열해 두었다. 하얀 천은 오래된 유리 제품, 사진기, 액세서리 등을 더욱 도드라

플라타너스 가로수 경관

져 보이게 한다. 길거리의 좌판들을 보면서 조금 더 걸으니 로통드**La Rotonde** 분수대가 나온다. 분수대를 중심으로 거리와 광장에는 길거리 가게들이 들어서 있다. 이곳에는 사람들에게 필요한 물건, 혹은 필요하지 않은 물건으로 가득 차 있다. 취미, 소일거리, 음반, 카드, 그림, 엽서, 옷, 장난감 등 온갖 물건들을 팔고 있다.

로통드 분수대는 미라보 거리로 들어가는 초입에 있다. 이는 1860년에 세워진 12m 높이의 분수대로서 엑상프로방스를 물의 도시라는 이

로통드 분수대(상), 거리의 작은 분수대(하)

미지로 각인시켰다. 엑상프로방스가 물의 도시라는 이미지는 도시의 기원과도 밀접한 관련이 있다. 엑상프로방스는 과거 로마의 지배를 받았는데, "로마의 지방총독proconsul 칼비누스Calvinus는 인근 대도시 마살리아Massalia(마르세유의 옛 이름)가 외부의 침입으로부터 위협을 받자, 기원전 123년 마살리아 인근에 '아쿠아 섹스티에'Aquae Sextie라는 온천 도시를 세우게"(김동윤·김기덕, 262) 했다. 이처럼 엑상프로방스는 해안도시인 마르세유보다 적의 침입으로부터 비교적 안전한 내륙에 건설되었다. 그리고 도시 곳곳에 분수대를 설치해 두었다.

엑상프로방스에는 100개가 넘는 분수대가 있어서 도시민들에게 물을 공급하고 공유할 수 있게 해 주고 있다. 프로방스에서 물은 곧 권력을 의미한다. 치수를 하는 것이 곧 도시를 지배하는 힘이다. 로마인들은 계곡을 가로질러 도시로 물을 공급하는 인공 수로시설을 건축하였다. 물이 높은 곳에서 낮은 곳으로, 그리고 하도를 따라서 흐르는 것이 자연의 이치이지만, 로마인들은 계곡의 대각선 방향으로 물을 흐르게 하여 주민들이 물을 사용할 수 있도록 인공 수로를 건축하였다. 도시의 멋진 분수대는 도시민들에게 무료로 물을 흘려 보낸다. 물을 뿜어 대는 분수대에서 새들도 쉬어 간다. 물은 모태의 양수처럼 사람들을 편안하게 하는 재주가 있다. 그래서 도시 조경에서는 물을 흐르게 하는 시설을 갖추고 있다. 도시의 친수 공간은 삭막한 도시에 생명을 준다. 엑상프로방스의 분수대는 경관 면에서도 도시의 미관을 훌륭하게 한다. 여름철에는 이끼 낀 분수대가 도시를 걷는 사람들을 반겨 줄 것이다.

미라보 거리Cours Mirabeau는 엑상프로방스를 남북으로 나누는 중심 도로이다. 도로의 북쪽은 구도시이고, 남쪽은 상대적으로 신도시이다. 미라보 거리에는 인도와 가로수, 오래된 건물들이 들어서 있고, 카페들이 줄지어 길거리에 테라스를 만들어 놓았다. 도로에는 차가 드물게 오가고, 가로수가 고도(古都)에 멋을 더해 주며, 넓은 인도에서는 상인들이 장사를 하고 있다. 도로 양편에는 세월의 무게를 한눈에 알아볼 수 있을 정도로 오래된 건물들이 옆구리에 골목을 끼고 들어서 있다. 프랑스혁명 당시 민중의 편에 서서 자유와 평등을 주장하였던 엑상프로방스의 정치가인 미라보를 기리기 위하여 도로 이름을 '미라보'라 칭하게 되었다고 한다. 그러나 미라보 거리가 중세풍을 띠고 있는 것으로 보아 도로의 주인공 이름처럼 자유와 평등으로 가득 차 있어 보이지는 않는다. 당시 도로변의 카페나 레스토랑에서 한담을 즐길 만한 사람은 많지 않았을 것이다.

미라보 거리는 차도보다 인도가 넓다. 인도의 가로수와 가로등은 도로의 삭막함과 어두움을 보완해 주고 있다. 가로수 사이에는 도시를 감상하도록 벤치를 마련해 두었다. 넓은 인도는 겨울에는 노엘마켓으로 이용되고, 다른 계절에는 노점에 자리를 내어 준다. 그리고 미라보 거리에도 어김없이 크고 작은 분수대가 있다. 도로변의 누런 건물들은 높지 않아 프로방스에 아기자기함을 더해 주고 있다. 건물 사이에는 골목이 줄지어 있고 또 다른 골목으로 이어진다. 엑상프로방스는 어느 곳으로 걸어도 전통 경관이 가득하다.

미라보 거리에서 가장 인기 있는 장소는 '카페 데 되 가르송'Cafe des Deux Garcons이다. 코발트색의 차양에 1792년이라고 쓰여 있는 것만 보아도 카페의 연륜을 짐작하고도 남는다. 일명 가르송 카페를 유명하게 만든 사람은 인상주의 화가 세잔Cézanne이다. 그는 엑상프로방스

카페 데 되 가르송의 모습(상), 카페 데 되 가르송의 실내(하)

의 아이콘으로서, 이 카페에서 자주 커피를 마시고 사람들과 담소를 나누었다. 카페에서 세잔의 흔적을 바로 찾아보기는 쉽지 않지만, 그가 즐겨 앉던 자리에서 커피 한잔을 하는 것만으로도 충분히 의미가 있다. 카페에서는 식사가 가능하고 차를 마실 수도 있다. 이른 아침부터 몇 손님들이 세잔을 느끼기 위하여 가르송 카페를 방문하였다. 이곳을 방문하는 사람들은 당연히 세잔이 주로 앉았던 자리를 찾는다. 카페 벽에는 세잔의 그림과 함께 피카소Picasso의 그림이 걸려 있다. 피카소의 그림이 세잔이 자주 다니던 카페에 걸려 있음은 두 화가의 인연을 말해준다. 세잔은 인상주의 화가로서 색채와 구조에 관심을 가졌다. 그리고 구조에 대한 관심이 발달하여 후에 입체파가 된다. 세잔의 '수욕도' Bathers는 피카소의 작품 '아비뇽의 처녀들'에 영향을 주었다. 세잔은 대상의 구조를 분석하여 정물화를 그렸다. 피카소는 이러한 세잔의 화풍을 받아들여 초기 작품에서 정물화를 많이 그렸다. 피카소도 이 카페를 방문하여 세잔의 숨결을 느꼈을 것이다. 피카소가 자기 작품 세계의 원류라고 할 수 있는 세잔을 만나는 것은 너무도 당연한 일이었다. 세잔을 만나러 스페인 바르셀로나에서 이곳 엑상프로방스로 오는 피카소의 심리적 거리는 너무도 가까웠을 것이다.

미술 교과서에서 본 세잔의 사과 정물화는 엑상프로방스에서 새로운 미술사를 열었다. 그는 일상의 소재를 그림의 대상으로 삼았다. 그리고 지나치게 객관적인 관점과 사실적 묘사를 강조한 사실주의로부터 벗어나고자 하였다. 사실주의가 사람을 그림에 다가오게 했다면, 인상주의는 그림이 사람에게 다가오도록 하였다. 인상주의 화가인 세잔은 빛과 색채의 효과를 가시적으로 표현하고자 했다. 세잔은 "색채와 입체감의 묘사에 있어서 새로운 발견들을 높이 샀다. 그는 또한 이때까지 그가 알고 있었고 배워 왔던 것에서 벗어나, 자신의 인상에 따라 자기가 본 그대로 형태와 색채를 그리고자 했다."(곰브리치, 538). 프로방스를 여행한 릴케는 세잔의 작품 세계를 잘 설명해 주고 있다.

그림에서 색채가 얼마나 중요한지, 색채가 서로 다툼을 벌이도록 하기 위해서 어떤 식으로 완전히 내버려 두어야 하는지 등에 관해서는 아직 해명된 적이 없었소. 색채의 상호작용, 이것이 그림의 전부요. 어중간하게 말하거나, 배열하거나, 자기의 인간적 우월성, 재치, 변화, 정신적 유연함 등을 어떻게든 함께 거론하는 것은 이미 자신들이 하는 행동을 방해하고 모호하게 만드는 일이오. (라이너 마리아 릴케, 52)

그 호기심 많은 사람이 은밀하게 눈의 내면에 순종하면서, 푸른색이 오렌지색을 불러내고, 초록색이 붉은색을 호출하는 것, 이것들이 말하는 것을 듣는 것. 그는 유일한 저항을 무릅쓰고 그림을 그렸소. (라이너 마리아 릴케, 55)

또한 세잔은 가르송 카페에서 마르세유의 친구인 에밀 졸라를 만나기도 하였다. 에밀 졸라는 어릴 적 친구였지만 아마도 둘은 애증의 관계였던 듯싶다. 가난한 집 출신의 성공한 작가인 에밀 졸라와 당시 부잣집 출신의 실패한 화가 세잔은 서로 부담스러웠을 수도 있다. 졸라는 세잔의 인상주의 그림을 별로 좋아하지 않았고, 세잔은 졸라의 사실주의 글에 대해 불만을 털어놓기도 하였다. 졸라는 "세잔은 위대한 화가의 재능을 가졌을 수 있지만 결코 실제로 그렇게 될 능력은 없다."(손경애, 262)라고 말했고, 세잔은 "졸라의 명성이 올라갈수록 그는 야박해졌고 마지못해 나를 받아들이는 듯했지요. 나는 비위가 상해서 몇 년 동안 그를 찾지 않았습니다."(손경애, 265)라고 회고하였다. 천재 작가인 에밀 졸라는 돈을 벌기 위하여 사실주의 작품을 써서 유명해지고 부도 축적할 수 있었다. 반면, 세잔은 그림에 눈이 늦게 틔워 고생을 한 후에 성공한 대기만성의 화가다. 어린 시절 우정을 나누었던 세잔과 졸라는 어른이 되어서 서로 다른 철학으로 인하여 결별을 하고 말았다.

엑상프로방스에는 세잔의 작업실, 그림, 저택을 한눈에 볼 수 있는 세잔 아틀리에가 있다. 세잔이 법조인이 되길 바랐던 그의 아버지는 화가의 길을 가는 세잔에게 경제적 지원을 끊었다. 하지만 세잔의 아버지는 세잔을 사랑할 수밖에 없었다. 그는 1886년 세상을 뜨면서 은행업으로 번 돈 40만 프랑을 아들 세잔에게 유산으로 남겼다. 빈곤으로부터 자유로워진 세잔은 그로부터 10년 후에 꽃을 피웠다. 세잔은 엑상프로방스에 살면서 지속적으로 그림을 그려 50대에 세상을 변화시킨 화가가 되었다.

엑상프로방스의 중앙에는 리쉘름 광장Place Richelme이 있다. 그렇게 크지 않은 광장에는 키 큰 플라타너스가 있고, 바닥에는 돌로 된 장

리쉘름 광장

식이 있다. 그리고 농부들이 직접 농사를 지어 가져온 농산물들이 작은 수레에 실려 광장을 가득 메우고 있다. 이곳 광장에서는 프로방스 사람들의 먹거리를 한눈에 볼 수 있다. 프로방스에서 생산한 올리브, 포도주, 치즈, 소시지, 무, 과일, 꿀, 당근, 레몬, 마늘 등이 눈길을 끈다. 광장은 주로 여행객과 도시 노인들로 가득하다. 여행객은 삶의 현장인 시장에서 주민들의 생활과 문화를 직접 접할 수 있다. 다만 현지의 농산물을 사서 직접 요리를 해 먹을 수 없음이 아쉽다. 노인들은 오늘의 식사를 준비하기 위하여 광장 상인으로부터 신선한 농산물을 구매한다.

동서고금을 막론하고 시장에는 생기가 있다. 시장은 실존적인 삶의 현장이다. 시장 상인의 호객하는 소리에는 생동감이 있다. 저마다 원하는 식료품을 사기 위하여 사람들은 작은 시장을 누빈다. 이곳 시장 또한 발효된 소시지처럼 생명력이 있다. 시장은 오랫동안 한 장소에서 주민들의 삶을 고스란히 축적하여 다음 세대로 이어 주고 있다. 시장은 생활양식이라는 삶의 방식이 모여드는 곳이다. 다양한 생활양식을 가지고 살아가는 시민들이 이곳에 모여서 자신의 개성을 발휘한다. 그리고 그곳에서는 다양성 가운데 일체감도 존재한다. 즉, 상호주관성이 존재한다. 좋아하는 음식, 채소, 취향 등에서 서로 통하는 공통분모가 있다. 시장이 주민들의 생활양식을 이어 가고, 다시 시장은 다음 세대로 이를 이어 준다. 그리고 장사하는 사람들은 여론의 집합소이자 전달자가 된다. 사람들의 목소리를 귀로 담은 다음 더 큰 소리로 세상에 전한다. 길바닥의 검은 돌은 마차와 사람들의 발걸음으로 네 귀퉁이가 닳아 있고 돌의 표면은 반질반질하다. 세상 사람들의 발걸음을 묵묵히 받아낸 세월의 흔적들을 가늠하고도 남는다.

시청 광장

리셸름 광장을 조금 벗어나면 프레쇠르 광장Place des Precheurs과 시청 광장Place de l'Hotel de Ville이 나오는데, 여기에서는 꽃시장이 열린다. 꽃시장이 열리는 이곳에서는 벼룩시장도 함께 열린다. 장터에는 오전 시간을 이용하여 오래된 빈티지에서 생활 잡화에 이르기까지 각종 제품들이 쏟아져 나온다. 벼룩시장에서는 단순한 눈요기를 비롯해 좋아하는 물건을 사는 등 다양한 경험을 할 수 있다. 엑상프로방스의 오래된 도심 광장에서는 이러한 것을 한꺼번에 즐길 수 있다.

엑상프로방스의 장소성을 결정하는 요소는 세잔이다. 엑상프로방스는 세잔의 도시라고 해도 과언이 아니다. 이 도시를 찾는 대부분의 사람들은 세잔을 보고, 세잔과 함께 걷고, 세잔과 차를 마시고, 세잔을 경험하고자 한다. 그래서인지 도시의 길거리에서는 세잔의 장소로 안내해 주는 표지판이 자주 눈에 띈다. 엑상프로방스의 거리를 아무 생각

프레쇠르 광장의 꽃시장

없이 걸어도 여행자는 시간의 주인공이 된다. 특히 세잔의 거리를 상징하는 길바닥의 표지판을 따라서 걸으면 세잔의 예술 세계에 빠져들어 나도 모르게 빛과 색채의 마술을 경험하게 된다.

또한 엑상프로방스는 분수의 도시이다. 도시의 초입에서부터 분수대를 만나게 되는데, 분수대는 도시민들이 물을 즐기고 공유할 수 있도록 한다. 분수대에서 뿜어 나오는 물은 오래된 도시의 딱딱한 돌길에 생명을 준다. 분수의 도시가 곧 물의 도시가 되는 원리이다. 엑상프로방스에서는 테라스가 있는 카페에서 커피 한 잔을 앞에 두고 말없이 앉아 있어도 좋다. 너무 많은 말을 하지 않아도 된다. 세잔의 그림이 머리를 스쳐 갈 수도 있기 때문이다.

엑상프로방스 역으로 가는 길의 호텔 세잔느

Chapter 7

고흐와 함께 걷는 도시, 아를 Arles

마르세유에서 기차를 타고 아를Arles 역에 도착하였다. 아를 역은 전통적이고 전형적인 건물을 보여 준다. 철길을 가운데 두고서 양쪽으로 역사(驛舍)가 있고, 플랫폼에는 이정표, 열차시간표, 지붕의 무게를 버티고 있는 기둥 등이 있다. 전기를 공급하는 전선이 하늘을 지배하고, 알 듯 모를 듯 한 'Z', '40', '60' 등의 숫자와 문자, 그리고 빨간 신호등이 보인다. 그 사이로 'ARLES'이라는 단어가 이곳이 아를 역임을 알려 주고 있다. 역사의 건물에는 그라피티가 그려져 있고, 오가는 기차는 잠시 동안 머물렀다가 다시 아비뇽이나 마르세유로 길을 떠난다. 역의 대합실은 기차를 기다리는 사람들로 붐빈다. 역 대합실도 공공건물이어서 테러에 대비하기 위해 무장한 군인들이 검문을 하고 있다. 검문은 사람들을 귀찮게 한다. 하지만 사람들의 안전을 위한 것이니 기꺼이 그 번거로움을 감내한다. 큰 캐리어 두 개를 끌고 가는 중국인 아주머니가 집중 검문의 대상이 되었다. 말이 통하지 않는 듯 보였지만, 그녀는 금방 군인들이 무엇을 원하는지 알아채고서 가방을 열어 자신의 자존심

아를 역의 철길

을 뒤집어 보여 준다. 중국인 아주머니의 짐을 곁눈질로 보니 가족을 방문하러 온 듯 온갖 물건들이 가방에서 튀어나온다. 멋쩍은 검문이 그렇게 끝이 나는 것을 보고 역을 빠져나왔다.

아를은 프로방스를 대표하는 작은 도시 중 하나이다. 아를 여행은 고흐Gogh를 기억하는 장소와 고대 로마의 흔적을 간직한 장소가 중심을 이룬다. 먼저, 아를을 여행하는 사람들은 고흐를 보고 싶어 한다. 아를은 고흐의 도시라고 해도 과언이 아니다. 고흐는 프로방스에 가장 적합한 색채를 가진 화가이다. 아를에서는 고흐를 기억하며 그가 작품을 그린 장소를 방문하는 재미가 있다. 엑상프로방스에서 세잔의 길거리 표지를 따라서 걸었듯이, 아를은 고흐의 발자국을 길거리에 새겨 두어 이곳을 찾는 여행자들을 안내하고 있다. 고흐의 그림은 아를의 경관을 담고 있다. 노랑, 파랑 등의 화사한 색채로 아를의 일상에서 접할 수 있는 경관들을 그림으로 담아냈다. 해바라기와 같은 정물화를 과감한 색채로 그려 내기도 했지만 론강, 테라스, 원형경기장, 도개교(途開橋), 카페, 밀밭, 사이프러스나무 등 생활 장소가 화폭에 담겼다. 일상의 생활 장소를 담은 경관은 고흐에 의해서 인상주의 예술 작품으로 재탄생하였다. 아를의 경관들이 고흐에게 콘텐츠를 제공하고, 고흐는 경관을 자신의 관점과 코드로 재해석하고 재구성하여 인상주의 그림이라는 텍스트를 만들어 냈다. 여행자인 나는 고흐의 그림이 가진 텍스트를 그림의 대상이 된 장소에 가서 고흐 그림 속의 경관과 실제 경관을 대비해 본다. 그리고 여행자는 고흐의 그림과 그가 그린 경관을 나름대로 감상하고 의미 부여를 하면서 바라본다. 아를은 장소 경관과 예술 작품을 동시에 감상할 수 있어서 좋은 곳이다.

아를 역 앞의 론강과 제방

고흐를 첫 번째로 만난 장소는 아를 역에서 가까운 론강의 제방이다. 아를 역을 벗어나니 작은 광장이 나오고, 그 광장을 지나니 론강이 나타난다. 론강은 유수량이 풍부하나 하천의 풍부한 물이 운반해 온 토사가 퇴적되면서 물건을 실어 나르는 항구로서의 기능이 쇠퇴하였다. 그리고 항구의 기능은 론강의 하구인 마르세유로 넘겨주고 말았다. 지금은 론강의 기능을 철도 교통이 대신하고 있다. 강 건너 끊어진 다리 너머로 도시의 흔적이 보인다. 끊어진 다리와 그 너머의 건축 구조물들이 과거 이곳의 영화를 보여 주고 있다. 콘크리트 제방을 따라서 조금 걸으니 고흐가 '론강의 별이 빛나는 밤'이라는 작품을 그린 장소임을 안내하는 표지판이 나온다. 고흐의 그림과 같이 그 장소에서 멀리 론강과 주변 풍경을 바라본다. 아를 역 앞의 론강에서는 고흐도 온몸으로 맞았을 겨울의 강풍에 풍랑이 일고 있다. 사이프러스나무인 듯 뾰족한 나무들이 풍경을 지배한다. 고흐가 바라보던 론강과 강 건너 풍경을 응시해 본다. 여기에 서면 밤이 아니어도 밤처럼 바라보게 된다. 강에 어둠이 내리고, 론강 위에 반사된 빛, 하늘에 떠 있는 영롱한 별들을 상상하고도 남는다. 짙은 어둠이 배경이 되어 밝은 빛, 별, 하늘, 그리고 론강의 야경을 뒤로하고 부부가 팔짱을 끼고 돌아선다. 아를의 론강과 빼어난 풍경은 고흐에 의해서 문화 콘텐츠가 되었다. 경관이 예술이라는 도구를 통하여 문화적 콘텐츠가 되고, 경관은 경관 이상의 것이 된다. 아를은 이처럼 짧은 기간 이곳에서 산 고흐에 의해서 고대도시에서 문화를 담은 예술도시로 그 장소 정체성이 변화되었다. 고흐가 아를을 지배하고 있다고 해도 과언이 아니다. 발 빠른 사람들은 고흐를 장소 정체성의 아이콘으로 삼아서 장소 마케팅을 하고 있다. 고흐는 프로방스의 작은 도시인 아를로 여행자의 발걸음을 이끌고 있다.

다시 아를 역 앞에서 론강의 콘크리트 제방을 따라 도도히 흐르는 강물을 보며 강둑을 걷는다. 론강을 따라서 바람이 불어온다. 추운 겨울이지만 견딜 만한 바람의 속도를 즐기면서 강둑을 따라 아를의 속살로 파고든다. 허리 높이만큼의 보호벽을 끼고 걸으면 마치 고흐도 함께 걷는 듯하다. 여행자인 나도 아를의 고흐를 따라서 걷는다. 론강 주변에는 아를의 고건축물들이 강을 따라서 분포하고 있다. 회색의 높지 않은 건물, 좁은 골목길, 길바닥의 돌, 작은 가게, 건물 사이의 가로수 등을 보면서 아를 시내로 들어간다. 론강에서 시내로 접어들면 멀지 않은 곳에 고흐 재단Foundation Vincent Van Gogh이 있다. 아를의 오래된 골목에서 불쑥 현대식 건물이 눈에 들어온다. 건물과 건물 사이에 통유리

고흐 재단의 건물

로 만든 사무 공간을 마련하여 고흐 재단이 들어서 있다. 재단 앞은 대리석으로 바닥을 깔았고, 통유리 너머로 사무실 공간이 투명하게 보인다. 아를에서 고흐와 그의 작품세계를 이해하는 데 도움을 얻을 수 있는 기관이다.

아를에서 고흐를 경험할 수 있는 최고의 장소는 포룸 광장Place du Forum이다. 아를을 찾는 사람들은 이 장소를 반드시 들른다. 포룸 광장은 빈센트 반 고흐의 '밤의 카페 테라스' 그림에 고스란히 담겨 있다. 그 카페에는 빨간 글씨로 'CAFE VAN GOGH'라고 적혀 있다. 고흐 그림 속의 노란 카페가 그 자리에 그대로 있다. 고흐 작품 속의 유명한 장소를 현장에서 보는 것만으로도 충분히 매력적이다. 테라스의 차일, 길거리의 의자와 탁자가 조금 현대식으로 바뀌고, 길이 돌길에서 아스팔트길로 변하였어도, 고흐 카페의 노란색 색감은 그대로이다. 광장 앞의

포룸 광장과 반 고흐 카페

호텔은 일부 기둥만이 광장 이름을 기둥에 매달고 옛날 그대로의 모습을 겨우 간직하고 있다. 장소는 과거로의 여행을 안내해 주기도 한다. 포룸 광장은 테라스에서 누군가와 한담을 나누고 삶을 공유하는 사람들에게 역사를 소환하게 한다. 여행자들은 포룸 광장을 배경으로 인증샷을 찍는다. 그곳에서 찍은 사진은 한 찰나를 기준으로 평면의 삶을 기록한다. 그러나 사진을 찍은 연인은 그 장소를 매개로 더 많은 삶의 내러티브를 시작할 것이다. 장소가 주는 또 하나의 매력이다.

아를에서 고흐를 만날 수 있는 또 다른 장소는 고흐를 수용했던 정신병원이다. 에스파스 반 고흐Espace Van Gogh, 즉 반 고흐의 공간이다. 노란색으로 칠한 회랑과 사각형으로 둘러싸인 정신병원 건물은 사람을 통제하기에 안성맞춤으로 보인다. 이곳은 고흐가 그린 그림의 색으로 재단장을 하였다. 건물의 내부 정원은 방사선 모양의 산책길과 중앙

고흐가 입원한 정신병원, 에스파스 반 고흐

을 중심으로 심은 꽃들, 키 큰 나무 등으로 장식되어 있다. 정신질환자인 고흐를 수용했던 장소가 이제 고흐를 기념하는 장소로 그 기능이 변화하였다. 건물의 한 공간에는 고흐를 담은 기념품과 책자를 파는 곳이 있다. 바깥에서 보면 이 건물에는 벽돌을 쌓고 그 위에 시멘트 칠을 한 벽이 있다. 창문은 가능한 한 좁고 작게 만들어 두었다. 누가 봐도 난공불락의 성벽과 같은 느낌을 준다. 이곳이 정신질환자를 수용했던 장소임을 웅변하고 있는 듯하다. 그 아래층 벽에는 파란색으로 장식한 십자가 모양의 사각형 창문과 출입문이 있다. 에스파스 반 고흐의 회랑을 따라서 걷는 것만으로도 고흐를 느낄 수 있고, 전시되어 있는 고흐의 그림은 당시 경관을 경험하기에 충분하다.

고흐의 그림에는 유독 별이 많다. 그는 아를의 밤하늘에 빛나는 별을 과장하여 그렸다. 밤마다 아를의 거리를 거닐면서 노란빛을 내는 별을 머릿속으로 생각하고 그것을 그림으로 그렸을 것이다. 지중해의 프로방스는 맑은 하늘이 지배한다. 특히 지중해성 기후인 프로방스는 겨울의 우기를 제외한 모든 계절에 청정한 날씨를 보인다. 프로방스의 하늘은 높고도 파랗다. 그런 하늘은 밤에도 예외가 아니어서, 맑은 밤하늘에 별은 더욱 총총하다. 알퐁스 도데는 프로방스의 별을 "수많은 별들이 커다란 양 떼처럼 우리들 둘레에서 소리 없이 움직이고 있었다. 가끔 나는 이 별들 가운데 가장 아름답고 가장 빛나는 별 하나가 길을 잃고 내 어깨에 와서 잠든 것이라고 생각하곤 했다."(알퐁스 도데, 141)라고 표현하였다. 또한 정호승 시인은 '우리가 어느 별에서'라는 시에서 "우리가 어느 별에서 만났기에/ 이토록 서로 그리워하느냐/ 우리가 어느 별에서 그리워하였기에/ 이토록 서로 사랑하고 있느냐// 사랑이 가난한 사람들이/ 등불을 들고 거리에 나가/ 풀은 시들고 꽃은 지는데…" 라고 노래했다. 그리고 윤동주는 '별 헤는 밤'에서 "… 별 하나에 추억과/별 하나에 사랑과/ 별 하나에 쓸쓸함과/ 별 하나에 동경과/ 별 하나에 시와…"라고 표현하였다. 별은 동서고금을 막론하고 추억과 낭만과 동경의 대상임에 틀림없다. 별은 마음으로 다가가는 공간이지만, 별을 바라보는 곳은 장소가 된다. 아름다운 별을 누군가와 함께 본 곳은 저마다의 의미를 가진 장소로 변한다. 고흐는 별을 보고 그린 아를의 많은 곳을 의미를 가진 장소로 만들었다. 고흐는 하늘의 별을 따다가 아를의 곳곳에 새겨 놓았다.

고흐는 원색의 색감을 통하여 아를의 풍경을 표현했다. 그는 "오로지 색채만으로 모든 것을 그리고, 색을 단순화시켜"(곰브리치, 548) 그려 내곤 했다. 고흐가 "산책을 자주 하고 자연을 사랑했으면 좋겠다. 그것이 예술을 진정으로 이해할 수 있는 길"이고, "화가는 자연을 이해하고 사랑하여, 평범한 사람들이 자연을 더 잘 볼 수 있도록 가르쳐 주는 사람이다."(빈센트 반 고흐, 13)라고 동생 테오에게 말한 것으로 보아, 그가 자연을 얼마나 사랑하고 그것을 색감으로 담아내려고 했는가를 미루어 짐작할 수 있다. 아를의 자연을 사랑한 고흐에게 "프로방스의 공기와 공간 그리고 빛은 호흡한 것을 눈에 보이게 만들고, 눈에 보이는 것을 내면화시키는 화가의 눈을 단련시켰다."(라이너 마리아 릴케, 161). 고흐가 아를의 자연을 눈여겨보려 했음을 그의 그림에서 볼 수 있다. 고흐가 담은 아를의 자연 중 하나는 바람이다. 고흐가 눈에 보이지 않는 바람을 눈에 보이도록 자극한 것은 미스트랄Mistral 강풍이다. 프로방스 지방의 강한 바람에 사람과 건물과 온갖 피조물들이 움직인다. 고흐는 강한 바람이 일으키는 물체들의 움직임을 역동적으로 표현하였다. 그래서 그의 그림에서는 나무, 별 등이 소용돌이 모양을 하고 있다. 그는 자연 현상인 미스트랄에서 영감을 얻어 일상에서 많은 대상들을 자신의 색채로 표현하였다.

아를의 고흐는 고갱Gauguin과도 인연이 있다. 고흐는 아를에서 동생 테오의 주선으로 그가 만나고 싶었던 고갱과 함께 1888년에 9주간의 짧은 기간 동안 공동 작품 활동을 하였다. 두 화가의 경우를 보면, 그리워하던 사람은 서로 먼발치에서 그리움을 간직하며 사는 것이 좋을 듯싶다. 함께하는 것은 곧 불편함과 서로 다름을 확인하는 일을 남겨주기 때문이다. 고흐와 고갱은 열정적인 후기 인상주의 화가로서 자연에 깊은 관심을 가지고 자연과 자연 속에서의 삶을 작품의 대상이자 주제로 삼았다는 공통점이 있다. 반면, 자연을 표현하는 예술 철학은 사뭇 달랐다. 그 둘 사이에는 자연을 있는 그대로 그릴 것인가 혹은 자연을 작가의 상상력을 발휘하여 그릴 수 있는가에 대한 의견 차이가 존재하였다. 이런 차이는 예술가로서 자기 정체성의 다툼을 낳았다. 이런 다툼은 너무도 당연하다. 그것을 양보하는 순간 예술가로서 생명력, 즉 존재 이유를 포기하거나 상실해야 하기 때문이다. 고갱의 말을 빌리자면, 그는 "우리 둘에 대해 말하자면 하나는 끓어오르는 화산 같았고, 다른 하나는 안으로 소용돌이치는 존재였다. 어떻게 보면 싸움은 이미 준비되어 있었다."(http://100.daum.net/encyclopedia/view/144XX47900046)라고 했다. 아마도 둘은 발산자와 수렴자의 차이를 가지고 있었던 것 같다. 이런 경우, 보통 발산자가 문제를 도발할 가능성이 높다. 급기야 고흐는 자신의 분에 못 이겨 귀를 자르고, 이에 놀란 고갱은 그 길로 아를을 떠났다. 그 후 고갱은 삶의 원초적인 원형질을 남태평양 원주민에게서 찾고자 노력하였다. 아를에 남은 자는 고흐이고 떠난 자는 고갱이다. 고흐는 남아서 아를의 별이 되었고, 고갱은 떠나서 남태평양 타이티의 별이 되었다. 고흐와 고갱은 사후에, 그리고 당대에 가장 유명한 화가가 되었다.

고흐의 작품 배경이었던 장소를 경험하는 매력과 함께, 아를 여행의 또 다른 재미는 고대 로마를 경험하는 것이다. 아를의 로마 유적으로는 원형경기장Arena, 고대 극장, 생 트로핌 성당Eglise St. Trophime 등이 있다. 로마는 지배 지역마다 원형경기장을 세웠다. 원형경기장은 당시 건물 자체만으로도 식민지 주민들을 압도하고도 남았다. 그곳은 경기장 안에서 검투사의 칼에 원치 않는 죽임을 당한 노예들, 사람을 죽이는 것을 보며 극적 엑스터시를 즐기던 지배자가 떠오르는 슬픈 장소이다. 이제 고대 죽임의 제물은 투우라는 이름으로 소가 대신하고 있다.

수많은 소들이 투우사의 제물이 되어야 할 이유가 없는데, 사람들은 소의 생명을 빼앗으며 오늘도 즐기고 있다. 원형경기장을 보며 당시 건축 기술에 대해 경의를 표하면서도 이를 건축하기 위한 식민지 민중의 착취와 고통을 생각하지 않을 수 없다. 아를의 원형경기장 입구에 안내문이 있으나 건축자, 건축 시기, 건축 방법 등에 대한 영혼 없는 설명만이 여행자를 맞이한다. 원형경기장, 극장, 성당 등 유형의 건축물은 지배자만을 기억하는 비겁한 세상을 대변해 주고 있다.

원형경기장의 기세보다 한참 낮은 주변 주택가에는 작은 카페들이 있다. 역사적 유물로 남아 있는 원형경기장보다 사람들이 이용하는 작은 카페가 생명력이 더 길어 보인다. 돌로 된 아를의 길거리를 걷느라 아픈 다리에 휴식을 줄 겸해서 작은 카페에서 커피와 치즈케이크로 당을 충전한다. 카페의 좁은 문으로 들어가니 고양이가 먼저 손님을 맞이한다. 주인은 부지런히 손뜨개질을 한다. 판매용 작은 소품들에 둘러싸여 탁자에 팔꿈치를 대고 여유롭게 커피를 마신다. 건물 안쪽에서 일어나는 실재의 삶을 경험할 수는 없으나, 작은 카페에서 느린 손놀림으로 뭔가를 짜고 있는 주인 여자의 모습으로도 여유로운 프로방스의 삶을 미루어 짐작할 수 있다.

아를은 만만한 여행지이다. 손에 잡힐 듯한 규모의 도시이다. 그래서 걷기에 좋다. 아를은 돌이 깔린 거리를 부지런히 걸으면서 오래된 도시를 경험하기에 그만이다. 거리에서 만난 벽돌 건물들은 회색의 도시를 고색창연하게 만들어 준다. 아를에서는 좁은 인도, 높지 않은 건물, 벽돌을 쌓아 올린 성벽, 그리고 식당과 가게들을 흔히 볼 수 있다. 특히 아를에서 색 바랜 벽면, 강렬한 여름의 태양을 차단하는 차일, 아치형의

아를의 골목길

창문과 출입문 등의 풍경이 강한 인상으로 다가온다. 프로방스 문화 경관을 눈으로 담아내며 걷는 것만으로도 충분히 만족할 수 있다. 딱딱한 거리를 걸을 때는 작은 가게에 들러 커피 한잔을 마셔도 좋다. 지금 나는 여행자가 되어 아를을 걷고 있다. 눈에 보이는 풍경을 이미지로 몸과 머리와 마음에 담아 둔다. 나의 시선은 본능적으로 또 다른 아를의 풍경에 눈길을 주고 있다. 그리고 여행에서 돌아와 담아 두었던 아를의 이미지를 기억하고 추억한다.

Chapter 8

여행자를 자발적 포로로 잡아 두는 장소,
아비뇽Avignon

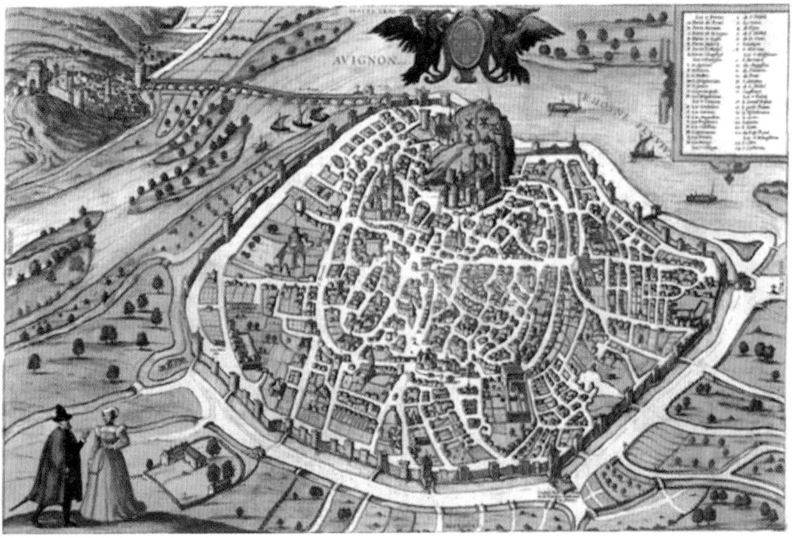

여장을 챙겨 마르세유 역에서 테제베TGV를 타고 아비뇽Avignon으로 향했다. 기차가 40분 남짓 프로방스 지방을 달린 후 아비뇽 TGV역에 도착하였다. 오래된 도시라는 고정 이미지를 한꺼번에 바꾸어 준 것은 아비뇽 TGV역의 모습이다. 아비뇽 TGV역의 경관은 마치 우주선을 보는 듯하다. 곡선의 지붕을 가지고 있으며, 출입문은 우주선의 문을 닮아 있다. 역의 벽면에는 '레닌을 보라'는 주제로 몰락한 레닌의 동상에 관한 사진을 전시하고 있었다. 아비뇽 역의 한쪽은 불투명 벽으로, 다른 한쪽은 투명 유리로 되어 있다. 기차역은 사람들이 많이 타고내리는 중앙 부근은 넓게, 그리고 역의 양 끝은 점점 좁게 구성되어 있다. 내부의 벽은 각종 전시 공간으로 활용되고 있는데, 방문 당시에는 아를의 사진전이 열리고 있었다. 아비뇽 TGV역의 경관은 아비뇽이 오래된 역사도시라는 선입견을 깨기에 충분하다. 아비뇽 TGV역에서 아비뇽 중앙역Centre으로 가는 열차로 갈아탔다.

아비뇽을 여행하기 위해서는 아비뇽 중앙역을 이용하는 것이 좋다. 근대 문명의 첨병인 기차역은 근대화의 상징이다. 아비뇽은 근대화의 상징을 받아들이기 위하여 도시의 역사성을 파괴하지는 않았다. 즉, 철도 교통을 통한 도시의 발전 대신에 전통의 보존을 택하였다. 근대 교통인 철도가 개설될 때 성안에 기찻길을 두는 것에 반대한 아비뇽 시민들 덕분에 아비뇽성은 온전한 모습을 유지할 수 있었다. 그래서 기차역을 아비뇽 성문 밖에 지었다. 중앙역은 여느 프랑스 역과 다름없이 플랫폼과 철로, 그리고 역전 광장을 가지고 있다. 좁은 광장이 주차장, 진입 도로로 인하여 더 작아 보인다. 역사 안에 있는 작은 빵집은 아침부터 분주하다. 이른 아침 현장학습을 가는 학생들이 줄을 서서 빵, 샌드

아비뇽의 테제베 역

위치, 도넛, 커피 등을 사고 있다. 가게 한쪽에는 좁은 탁자가 있어서 앉아 먹을 수도 있지만 의자가 좁기에 오래 앉아 있기는 불편하다. 패스트푸드점인 맥도날드는 영업점의 탁자와 의자를 작게 해서 손님들을 불편하게 함으로써 자리 회전율을 높이는 불편한 마케팅 전략을 쓰고 있다. 이런 상술은 이제 패스트푸드점들의 공공연한 비밀이다. 불편한 자리를 가진 아비뇽 빵집의 풍경은 바쁘다. 여행자인 나도 그들 틈에 끼어 성급하게 아침 한 끼를 해결하였다.

아비뇽의 첫인상을 결정짓는 것은 역전을 빠져나와 도로를 건너자마자 나타나는 아비뇽의 성이다. 사람의 힘으로는 오를 수 없을 정도로 높은 성벽, 어떤 화력에도 끄떡하지 않을 석축, 누구도 피해 갈 수 없을 정도의 석축 위 감시 초소 등으로 보아 철옹성이 따로 없을 정도이다. 그야말로 난공불락의 성이다. 아비뇽 성안으로 들어가는 방법은 오직 성문 외에는 없다. 성문은 아비뇽성으로 들어가는 유일한 통로이다. 아비뇽 중앙역을 이용하여 이곳을 여행하는 사람들은 이 성문을 통과할 수밖에 없다. 아비뇽은 과거 도로의 원형을 유지한 채로 자동차 교통 시대를 맞이하여 살고 있다. 중앙역으로부터 이어지는 중심 도로는 아비뇽의 교황청으로 향한다. 그 도로는 장 조레스 대로Le Cours Jean Jaures와 레퓌블리크 거리Rue de la Republique이다. 두 도로는 한 도로이지만, 두 개의 도로명을 가지고 있다. 1853년 기차역이 세워진 후, 기차역과 성안의 오를루즈 광장Place de l'Horloge을 연결할 도로와 성안으로 드나들 통로를 건설하였다. 아비뇽의 상인들은 여행객의 동선을 이미 알고 있다. 성안으로 들어가는 장 조레스 대로는 사람들로 북적인다. 대로의 양쪽에는 회색 칠을 한 플라타너스 가로수가 줄을 지어서 있다. 아름드리나무들은 시간의 축적 정도를 알려 주고, 위로 펴져 올라간 나뭇가지들은 지난 여름의 무성함을 말해 준다. 시간이 빚은 아름드리나무들이 일정한 간격으로 서서 도로를 더욱 운치 있게 만들어 준다. 그리고 대로에 세워진 아비뇽성에 대한 안내문이 도시의 역사성을 잘 말해 준다.

도로만큼이나 넓은 인도에는 주말에 길거리 시장이 선다. 길에서 눈에 띄는 것은 돼지 뒷다리를 발효시켜 만든 하몽jamon이다. 차양 우산 아래 걸린 하몽이 프로방스의 이국적 풍경을 자아낸다. 그리고 시간의 숙성으로 만들어진 다양한 소시지가 눈길을 사로잡는다. 발효가 되어 곰팡이가 피어난 다양한 소시지가 슬로푸드의 전형적인 모습을 보여 준다. 빠른 음식이 아닌, 시간의 숙성을 통해 느리게 만들어진 먹거리가 아비뇽 성안의 길거리에 가득하다. 그리고 아비뇽을 비롯하여 프로방스 들녘 어디에서나 볼 수 있는 올리브 농장에서 따서 만든 올리브

장 조레스 대로의 경관

기름이 늘씬한 병에 담겨서 팔리고 있다. 길거리 시장에서는 우리의 일상에 필요한 각종 제품과 생산물을 팔고 있다. 이들은 외식할 때 먹는 음식이 아닌 일상의 식탁에 오르는 것들이다. 상인들은 오가는 사람들을 붙들고 물건을 파는 적극적인 자세를 보이지 않는다. 아마도 그들은 프로방스 사람들이라면 이런 먹거리로부터 자유로울 수 없다는 것을 알고 있는 듯하다. 느긋한 표정이다. 장사의 고수로서의 품격이 묻어난다. 서둘지 않는 것이 자기 상품에 대한 자신감의 또 다른 표현일 게다. 아비뇽의 견고한 성채처럼 상인들의 표정이 한결같다.

장 조레스 대로의 길거리 상점에서 파는 하몽

장 조레스 대로를 따라 걸으면, 레뛰블리크 거리, 즉 공화국 거리로 이어진다. 도로의 양편으로 오래된 도시 경관이 펼쳐진다. 낮은 건물, 여행안내소, 과거 화려했던 저택 등도 보인다. 건물은 오래되었으나 그 안의 상가는 현대의 물건들로 가득하다. 오늘을 사는 사람들이 오랜 역사를 가진 건물에서 삶을 이어 가고 있다. 여느 도시와 마찬가지로 통신사, 옷, 선물, 식당, 카페, 기념품 등의 상점들이 중심 도로를 차지하고 있다. 그리고 멀리 가지 않아 아비뇽 교황청이 나온다. 길거리는 내내 석조 건물로 가득하여 딱딱하고 엄격한 도시 경관을 이룬다. 교황청에 이르는 대로의 이면 도로에는 작은 골목길이 나뭇가지처럼 이어져 있다. 교황청의 뒷길로는 구도심의 시가지가 나타난다. 좁은 인도를 따라 걸으면 교황청을 찾는 사람들과 주민들을 위한 다양한 가게, 식당 등이 나타난다. 자동차 중심 도시가 아니어서 지나가는 자동차들도 작아 보인다. 여느 유럽 도시와 마찬가지로 작은 골목길을 따라가다 보면 넓지 않은 광장이 나온다. 광장에는 나무, 벤치, 분수대 등 대중을 위한 시설이 보이고, 광장 주변에는 작은 식당들이 거리에 입간판을 세우고 손님을 기다리고 있다. 광장의 플라타너스는 이미 건물보다 높게 자라 여름철의 더위를 차단하고도 남을 정도이다. 골목길이 구불구불 이어져 여행자를 힘들게 할 때도 있지만, 그냥 그 길에 발길을 맡기고 걸으면 어느새 중앙 대로로 이끌어 준다. 이곳의 모든 길은 교황청으로 이어지는 대로와 만나게 된다.

아비뇽의 아이콘은 아비뇽 교황청이다. 로마에 머물러야 할 교황이 이곳 아비뇽에 머물게 되면서 아비뇽 교황청이 만들어졌다. 1309년에서 1377년까지 약 70년 동안 클레멘스 5세부터 그레고리우스 11세까지 7명의 교황이 아비뇽에서 살았다. 이를 일컬어 '아비뇽의 유수'라고 부른다. 교황이 로마교황청으로부터 끌려 나와 아비뇽의 포로가 되었다는 의미이다. 이 시기의 모든 교황은 프랑스 출신이었다. 역사적으로 교황과 황제의 관계는 양립하기 어려웠다. 중세 시대에 교황의 교권은 역대 왕들의 왕권을 능가하고도 남았다. 그 정점에서 일어난 사건이 십자군 전쟁이다. 하지만 십자군 전쟁의 패배와 이로 인한 이슬람 문화의 유입 등으로 교황권은 점점 약해졌다. 반면 왕권은 강화되어 절대왕정을 꾀하고 유럽의 국가 통일을 이끌어 내기 시작하였다. 아비뇽의 교황청은 교황권이 쇠퇴한 증거이자 상징이다. 교황의 굴욕 시기이자 왕권이 강화되던 시기의 모습이다. 이곳에서 학창시절 세계사 수업시간에 배운 '아비뇽의 유수' 현장을 직접 목격하게 된다.

교황청의 모습은 한마디로 철옹성이다. 교황청은 4m 두께에 50m 높이의 성벽을 가지고 있다. 아마도 거대한 석벽으로라도 강력한 왕권으로부터 보호받고 싶었던 교황의 현실을 반영한 듯하다. 교황청 건물은 신의 전당이라기보다 난공불락의 요새로 설계되어 있어, 막강한 정치권력의 위협에 상대적으로 열세에 있던 교황청의 자기 보호적 성격이 잘 나타난다(장다혜, 256). 교황청은 어느 누구도 함부로 안으로 들어올 수 없도록 지어졌다. 건물의 외관은 아치, 고딕 첨탑, 작은 회랑 등으로 되어 있다. 교황청 앞에는 광장이 있고, 광장은 벽돌을 촘촘하게 깔아 두었다. 교황청 안쪽은 좁은 창문으로 해를 받아들이기에는 매우 인색한 구조로 되어 있다. 교황청 내부는 매우 오래된 건물임을 증명하듯이 어둡고 낡고 흐리며 벽의 그림은 채색이 떨어져 나갔다. 거대한 규모에 비해서 교황청 내부는 매우 빈약해 보인다.

교황청 옆에는 아비뇽 대성당이 있다. 성당 입구의 십자가에 달린 예수상이 마음을 사로잡는다. 예수의 찔림은 나의 허물로 인함이라고 스

아비뇽 대성당

스로 고백하게 한다. 성당 안은 어둡지만 성당으로서 기본 구조를 갖추고 있다. 즉, 여느 성당과 같이 예수, 마리아, 의자, 성화, 십자가, 교황의 무덤 등을 갖추고 있다. 어둠 사이로 들어오는 빛은 성당 내부의 돔을 비춘다. 그 빛은 마치 하나님이 자신을 스스로 존재하는 자라고 말하는 듯하다. 교황청 광장에서 아비뇽 대성당으로 오르는 길목에는 철로 만든 앙상한 예수상이 있다. 녹슨 예수는 하늘을 향해 두 팔을 벌려 절규하는 모습이다. 스스로 앙상하여 가난하고 굶주리고 헐벗고 힘이 없고 약한 자의 편임을 온몸으로 보여 주고 있는 듯하다. '예수로 말미암아 이 땅엔 평화가 넘치고 그 평화로 인하여 하늘엔 영광이 되게 하소서.'라는 기도가 절로 나온다.

성벽, 돌바닥, 돌담 등으로 온통 딱딱하고 삭막한 교황청 경내에서 그나마 녹색의 생명을 제공해 주는 곳이 로셰 데 돔Rocher des Doms 정원이다. 거대한 석회암이 전시되고, 나무들 사이에는 작은 분수가 있으며, 대리석 조각상이 세월의 풍화를 견디어 내고 있다. 경내를 거닐

아비뇽 대성당 앞의 광장

면서 론강 너머의 풍경을 보고, 정원 서쪽에 자리한 아비뇽의 시가지를 볼 수도 있다. 유럽 특유의 주황색 지붕들이 눈 아래로 펼쳐지고, 고만고만한 높이를 한 집들이 좁은 길을 맞대고 늘어서 있다. 교황청이 상대적으로 높은 곳에 위치해 있어서 이국의 풍경을 한눈에 볼 수 있다. 그리고 교황청 뒤뜰로 통하는 길을 따라가면 미로가 이어지는데, 그 골목을 따라가면 아비뇽의 생활문화를 엿볼 수 있다.

교황청의 역사적 경관 지구를 벗어나면 사람 사는 곳의 진면목을 볼 수 있다. 도시의 상점에서는 일상적인 생활용품과 함께 지역 특산품인 올리브오일, 라벤더 향수, 비누 등을 판매한다. 카페테리아나 노상 카페에서 커피 한잔의 여유를 즐길 수도 있다. 좁은 골목길을 걷기만 해도 아비뇽의 시민이 된 기분이다. 아이보리의 채색이 떨어져 나간 회벽은 도시의 연륜을 보여 준다. 걷다 보면 아비뇽의 번화가도 나온다. 이곳에도 세상의 명품들이 가득하다. 사람이 사는 곳에는 유명 브랜드의 명품이 있다. 하지만 배고픈 여행자에게는 명품보다는 오후의 지친 몸에 당을 보충해 줄 마카롱이 더 절실하다.

아비뇽 교황청 광장에서 벌어지는 최고의 문화행사는 아비뇽 연극제 Festival d'Avignon이다. 1947년 교황청 앞마당에 무대를 설치하면서 시작된 연극제는 매년 7월에 수만의 인파가 모여서 즐기는 세계적인 축제가 되었다. 연극은 공식 선정 작품 in과 비선정 작품 off로 구분하여 무대에 오른다. 겨울의 광장은 찬 바람으로 가득하지만, 한여름에는 이곳을 찾는 연극 마니아들로 문전성시를 이룬다. 교황청의 높은 담벼락을 공연장의 객석으로, 광장의 끝을 무대로 한 후, 적절한 조명을 동반하면 곧바로 아름다운 야외무대가 된다.

아비뇽 대성당에서 본 생 베네제 다리

교황청의 위치는 천혜의 요새이다. 론강이 곡류하면서 만들어 놓은 사면공격의 절벽 위에 자리하고 있다. 교황청 망루에서 바라보면 론강은 평원을 유유히 감돌며 흐르고, 강 주변의 물가에 심은 나무들은 무성하다. 강 안쪽으로는 점점이 박혀 있는 도시의 집들이 보인다. 교황청에서는 사람들의 모든 움직임이 관찰 가능하다. 론강 건너에서 밀려올지도 모를 어느 왕의 군대들도 쉽사리 이 요새를 넘어오기는 힘들어 보인다. 하나님의 군대였던 십자군도 이미 전쟁을 마친 지 오래고, 다시 교황을 위하여 창과 방패를 들고 진군할 어리석은 군대도 없다. 그나마 있던 군인들은 절대왕정에 충성을 다하러 가고 없었을 것이다. 천혜의 요새 자리는 평화 시에는 풍경을 즐기기에 한없이 좋은 명당이다. 탁 트인 풍광은 마음을 새처럼 가볍게 만든다. 난간에 걸터앉거나 벤치에 등을 기대고 앉아 말없이 풍경만을 바라보아도 좋다. 이 자리에서는 홍수로 부서진 생 베네제 다리Pont St. Benezet가 내려다보인다. 보통 이런 다리는 많은 이야기를 담고 있다.

1178년 '작은 베누아'라는 양치기 소년이 천사의 계시를 받으면서 다리 건설이 시작된다. 다리를 세우라는 계시를 받고도 반신반의하던 소년에게 천사가 다시 나타난다. "베누아야, 지팡이를 들고 아비뇽 강가로 가라. 가서 만나는 사람들에게 다리를 건설해야 한다고 말하라."

처음엔 사람들이 베누아를 믿지 않고 조롱한다. 그러다가 바위를 강으로 옮겨 보라는 시험을 받게 되는데, 소년은 조금도 망설임 없이 나서서 많은 사람들이 보는 앞에서 바위를 어깨에 걸머지고 강으로 나아가 던져 버린다. 신의 기적을 증명해 보이자 드디어 후원자들이 나서게 되고 스스로 '교량 형제단'(Bridge Brotherhood)을 결성하게 되면서 본격적으로 다리의 건설이 시작된다. 베누아는 죽은 후에 성 베네제의 칭호를 받게 되고 다리 위에 세운 조그만 성 니콜라스 교회 안에 묻혀 있다. (이종세, 117).

생 베네제 다리는 끊어진 다리이다. 소년 목동 베누아는 신부와 사제들의 야유와 조롱에도 불구하고 30명가량의 청년도 들지 못하는 바위를 혼자 힘으로 들어 올림으로써 그것을 초석으로 삼아 아비뇽 다리를 구축하는 데 결정적으로 기여하였다(김동윤·김기덕, 266). 1185년에 건설된 이 다리의 길이는 900m이고 21개의 아치로 이루어진 아치교이며, 아비뇽과 빌뇌브레자비뇽Villeneuve-les-Avignon을 이어 주고 있다. 다리는 론강의 홍수로 끊어져 현재 4개의 아치만이 남아서 옛 모습

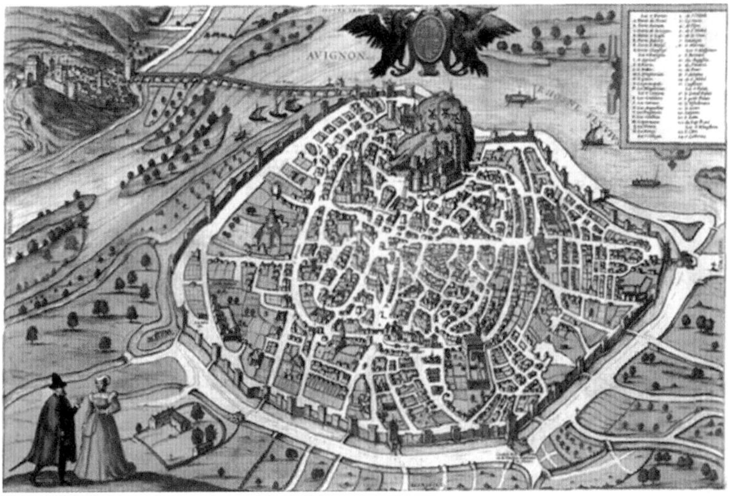

1575년 아비뇽 도시(이종세, 2013, 117 재인용)

베네제 다리 위에서 춤추는 모습(이종세, 2013, 117 재인용)

을 보여 주고 있다. 남은 다리만 보아도 당시 얼마나 혁신적인 다리였는지 짐작이 가능하다. '베네제'는 다리 건설에 새로운 아이디어를 접목시킨 교량 건설 기술자의 이름이라는 설도 있다. 다리 위에서 바라보는 론강과 교황청의 모습이 장관이다. 다리는 수차례 무너지고 보수하기를 반복하였다. 교황청의 역사만큼이나 부침이 심했던 다리이다.

생 베네제 다리인 아비뇽 다리는 어릴 적 부른 프랑스 민요 '아비뇽 다리 위에서'Sur le pont d'Avignon로도 유명하다. 이 민요는 "아비뇽 다리 위에서 우리는 춤을 추네, 우리는 춤을 추네/ 아비뇽 다리 위에서 우리 모두는 둥글게 춤을 추네/ 잘생긴 신사들이 그렇게 하네/ 그러고 나선 또 그렇게"라는 가사를 가지고 있다. 다리가 두 곳을 이어 주는 기능만 하는 것은 아니다. 한번 만들어진 다리는 지역 간의 소통을 이룰 뿐 아니라 문화 콘텐츠를 만들어 낸다. 다리는 사람들을 춤추게 만들고, 둥근 원을 함께 그리며 공동체 문화를 만들게 한다. 아비뇽 다리 위에서 청춘남녀가 춤을 춘다. 그리고 눈이 맞고 사랑을 한다. 어릴 적에 이 노래를 동요로 알고 불렀던 것은 아마도 곡조의 단순함과 청량감 때문일 게다. 속으로 '아비뇽 다리 위에서' 곡조를 흥얼거리면서 론강의 풍경을 차곡차곡 눈에 담아 본다.

겨울철 아비뇽을 비롯한 프로방스 지방을 지배하는 자연현상은 미스트랄Mistral이다. 미스트랄은 겨울에 프랑스 북동부에서 론강을 따라 남쪽으로 부는 강풍이다. 이는 시속 100km 이상의 풍속을 가진 프로방스의 대표적인 탁월풍이다. 이러한 현상이 생기는 것은 북부 산간에서 불어온 바람이 상대적으로 넓은 론강 유역의 좁은 병목 지역을 지나면서 만들어진 제트 효과로 인한 것이다. 우리나라의 강원도 양양과 간성 사이에서 부는 강풍인 양간지풍(襄杆之風)도 같은 원리에서 생겨난 것이다. 이 바람은 양강지풍이라고도 하는데, 엄청난 바람을 동반하여 강원도에 대형 산불을 일으키기도 한다.

아비뇽의 삭막한 석벽과 골목길에서 미스트랄의 위용을 실감해 본다. 미스트랄은 나의 틈을 잘도 알고 몸의 구석구석을 파고든다. 시베리아의 삭풍도 미스트랄을 보면 도망갈 신세다. 미스트랄의 강한 개성을 여러 작가들이 다양하게 묘사한 바 있다. 알퐁스 도데Alphonse Daudet는 「풍차방앗간 편지Lettres de mon moulin」에서 "그 앞에선 모든 것이 구부러진다. 아무리 작은 관목이라도 그가 지나간 흔적을 지니고 있고, 남쪽을 향해서 한없이 달아나는 몸짓으로 뒤틀려 누워 있다."

(전광호, 250 재인용)라고 표현하였다. 그리고 니체는 1905년에 "너 미스트랄이여, 민중의 사냥꾼이여, 하늘을 말끔히 청소하고 으르렁거리며 재화(災禍)를 가져다주는 자, 내가 너를 얼마나 사랑하는지! 너와 나는 하나의 그루터기에서 솟아난 두 개의 새싹이고, 예정된 영원한 약속의 첫 번째 완성이 아니더냐!"(김동윤·김기덕, 261 재인용)라고 했다. 마르세유에서 남미로 떠날 준비를 하던 레비스트로스는 "우선 겨울철 남부 프랑스 특유의 즐거움이 기억된다. 평상시보다도 더욱 맑고 푸른 하늘 아래 살을 에는 듯 차가운 대기는, 몹시 목이 말랐다가 급히 마셔 버린 차게 식힌 소다수처럼 견디기 힘든 기쁨을 안겨 주고 있었다."(레비스트로스, 176)라고 서술하였다. 영국 출신이면서 프랑스 프로방스에서의 1년 생활을 글로 써서 유명해진 피터 메일Peter Mayle도 "그해 첫 미스트랄이 론강의 계곡을 타고 내려와 왼쪽으로 방향을 틀어 우리 집의 서쪽 편을 때렸을 때 우리는 거의 무방비 상태였다. 지붕의 기와들이 바람에 날려 수영장에 곤두박질쳤고, 부주의하게 살짝 열어 두었던 창문 하나가 경첩째 뜯겨 나갔다. 기온은 스물네 시간 만에 20℃나 떨어졌다. 0℃로, 다시 영하 6℃까지 떨어졌다. 마르세유에서 발행한 신문들에 따르면 풍속이 시속 180km에 이르렀다. 아내는 외투를 입고 식사를 준비했고, 나는 장갑을 끼고 타자기를 쳐야 했다."(피터 메일, 19)라며 미스트랄을 실감 나게 표현하였다. 사람은 자연이 아무리 강해도 거기에 맞추어 적응하게 마련이다. 그 환경 적응의 모습이 문화 경관이 되고 생활문화가 된다. 프로방스 지방은 미스트랄의 강풍에 견디기 위하여 개성 넘치는 덧문을 만들었다. 이런 덧문은 "겨울에는 매섭게 부는 바람인 미스트랄로부터 유리를 보호하고 여름에는 뜨

거운 태양을 조절하는 목적으로 쓰인다. 기능성과 함께 집의 특성과 개성을 결정짓는 장식으로도 전혀 손색없다."(라이너 마리아 릴케, 55). 이 덧문은 피터 메일의 책「나의 프로방스」의 표지로도 쓰였다.

미스트랄은 하나의 상징이 되었다. 초고속 강풍이 곧 미스트랄의 결정적 속성이 되었다. 그 속성을 반영하여 프랑스에서는 미스트랄을 기차 이름에도 붙였다. 즉, 풍속이 빠른 미스트랄의 특성을 반영하여 프랑스의 특급열차 이름을 미스트랄로 한 것이다. 이 열차는 1950년에서 1982년까지 운행된 전기열차로서 파리-니스 간 1,088km 구간을 평균 시속 120km로 주행했다. 당시로서는 엄청난 속도를 자랑하였다. 물론 현대 과학기술로 더 빠른 TGV 고속열차가 달리기도 하지만, 전기를 이용한 기차인 미스트랄의 개발은 가히 프랑스의 지리적 공간을 축소하기에 충분하였다. 그리고 미스트랄의 또 다른 속성은 강력함이다.

피터 메일 책의 표지에 나온 덧문

그 강력한 힘을 반영하여, 프랑스의 지대공 미사일의 이름을 미스트랄로 지었다. 지상에서 하늘로 솟아올라 모든 비행물체를 파괴하는 가공할 무기의 이름으로 미스트랄은 손색이 없어 보인다. 이렇듯 어느 자연현상은 그 특성을 중심으로 코드화되어 상징으로 자리하고, 다시 사람들은 이 상징을 의미체로 받아들이게 된다. 한편 미스트랄과 반대인 시로코Sirocco도 있다. 사람들은 때가 되면 시로코가 불어와 매섭고 춥고 강한 바람을 변화시켜 주길 바란다. 계절의 변화와 함께 바람도 변하고, 우리의 삶도 변신을 거듭할 것이다.

아비뇽은 세계사 수업시간에 알게 된 도시이다. 그리고 프로방스는 지리시간에 알게 되었다. 역사적 사건인 '아비뇽의 유수'라는 시간으로, 그리고 프로방스 지방이라는 공간으로 아비뇽을 인지한 것이다. 시간과 공간이 엮여서 아비뇽이라는 장소를 만들어 냈다. 공간 위에 사람들이 만든 시간이 쌓여서, 시간을 통하여 공간을 변화시키고, 장소를 만들었다. 아비뇽은 장소이다. 그 장소가 시공간적 내러티브를 담지하고서 여행자를 부른다. 교황청, 성채, 론강, 자유곡류, 미스트랄, 그리고 생활양식이 모여서 아비뇽의 장소성을 만들었다. 이들은 장소를 대표하는 아이콘이 되기도 한다. 지금 아비뇽은 도시가 가진 장소성으로 수많은 세상의 여행자를 아비뇽의 자발적인 포로로 만들고 있다. 나도 기꺼이 아비뇽의 포로가 되었다.

Chapter 9

파리를 닮고자 한 도시,
몽펠리에 Montpellier

이른 아침 아비뇽에서 기차를 타고 서쪽으로 170km를 달려 몽펠리에Montpellier에 도착했다. 몽펠리에 기차역은 사람들로 매우 붐볐다. 플랫폼에서 빠져나오자 곧바로 역 앞의 은행나무가 반겨 준다. 가을을 넘어 겨울로 가는 길목에서 몽펠리에 역 앞의 은행나무는 막바지 단풍을 토해 내며 노란 잎으로 공원을 수놓았다. 노란 은행잎이 비에 젖어 더욱 노랗게 보인다. 은행나무는 몽펠리에 역 주변과 도로, 공원을 노랗게 장식하고도 남을 정도로 풍성하다. 아름드리 은행나무는 몽펠리에의 역사를 켜켜이 나이테에 축적해 두었다. 작은 공원이 오가는 사람들을 벤치에 머물고 싶게 한다. 이른 아침 공원을 가로질러 출근하는 사람들의 발걸음을 더디게 할 정도로 아름다운 풍경이다.

몽펠리에 역 근처의 호텔에 짐을 풀고 본격적으로 여행할 채비를 한다. 호텔을 나서기 전에 몽펠리에 시내 지도를 가지고 프런트 직원의 친절한 설명을 들은 후, 몽펠리에 도심의 주요 장소를 머리에 담고서

몽펠리에 역 앞의 공원

용감하게 길을 나선다. 호텔 앞 도로에는 트램 철로, 인도와 차도가 구분 없이 놓여 있다. 트램이 소리도 없이 다가온다. 노면 위에 다양한 교통수단이 한꺼번에 달리니 다소 어지럽기도 하지만 곧 적응하여 도로를 넘나든다. 몽펠리에 역을 돌아오는 트램은 파란색, 꽃무늬 등으로 치장하고서 걸어가는 여행자를 의식한 듯 느린 속도로 지나간다.

몽펠리에 도로가의 18세기 건물들과 발코니 하나하나에 눈길을 주면서 도심을 향해 걷는다. 고색창연한 건물들은 고압적이지 않지만 충분히 권위적이기도 하다. 기품 있는 건물을 도로 양쪽에 두고서 조금 걸으니 코미디 광장**The Place de la Comedie**이 나온다. 광장은 보통 사통팔달의 교통 결절지(結節地)에 발달하며, 넓은 공간을 가지고 있고, 사람들이 모여드는 곳이자 각종 문화 활동이 활발한 곳이다. 코미디 광장도 예외는 아니다. 넓은 광장과 그 주변에는 파리를 닮고자 한 건축물들이 자리 잡고 있다. 전통적 건축물은 낮지도 높지도 않은 높이

몽펠리에의 트램과 도시 경관

를 가지고 있어서 위압적이지 않다. 족히 100년을 훌쩍 넘긴 건물들이어서 역사성에 옷깃을 여미게 하는 장소이다.

프랑스 남부 지방의 몽펠리에 여행은 코미디 광장에서 시작한다. 이곳을 방문하는 사람들은 코미디 광장으로 나올 수밖에 없다. 1755년경에 만들어진 코미디 광장은 18, 19세기에 두 차례의 대규모 화재로 무너졌다가 재건축한 코미디 오페라 극장에서 이름을 따왔다. 이때 몽펠리에 중심가에 자리한 특성과 역사성을 중심으로 재개발하였다. 도심의 오래된 건물들을 최대한 보존 활용하였고, 광장을 찾는 사람들이 문화적 삶의 질을 누릴 수 있도록 미술관, 공연장, 전시 공간 등도 마련해 두었다. 그래서 코미디 광장은 역사성과 문화예술 기능을 모두 갖춘 대표적인 장소가 되었다.

코미디 광장의 가운데는 열린 공간이어서 사람들로 가득하다. 노선별로 색을 달리하는 트램들이 코미디 광장으로 들어온다. 도시 곳곳을 달려온 트램들이 광장 정류장에 사람들을 토해 낸다. 정류장에는 차양

코미디 광장과 오페라 극장

시설, 티켓 판매대, 광고판, 시간표 등이 있다. 사람들은 순식간에 광장 안으로 흩어진다. 광장 구석의 회전목마가 어린아이와 그 부모, 연인들을 알록달록한 색상과 전구로 유혹한다. 회전목마는 누구에게나 추억의 대상이다. 유럽의 어느 도시에서나 빠지지 않는 회전목마는 가볍게 그리고 편하게 즐길 수 있는 전통적인 놀이다. 사실 아이들과 연인들은 뭘 타고 놀아도 행복한 사람들이다. 어린이는 동심이 있어서 즐겁고, 그의 부모는 자식이 즐거워하는 모습을 보니 좋고, 연인들은 무엇을 해도 그저 좋다. 회전목마는 그들이 행복을 확인하고 싶은 도구이자 장치일 뿐이다.

광장의 중앙에는 조각 분수대가 있다. 1796년 에트엔느 당트완이 만든 분수대는 아랫단은 물의 공간이고, 중간은 석회암으로 구성된 자연스러운 암석과 식물의 공간이며, 상단에는 조각상이 있다. 분수대는 웅장하거나 스케일이 크지는 않고 프랑스답게 아기자기하다. 조각상은 그리스 신화에 나오는 아름다운 세 여신, 즉 헤라Hera, 아프로디테Aphrodite, 아테네Athene이다. 헤라는 결혼의 여신, 아프로디테는 미와 사랑의 신, 아테네는 승리와 지혜의 여신으로서, 아마도 몽펠리에가 하늘의 도움을 받아 전쟁에서 승리하고 아름다운 사랑이 넘치는 도시가 되길 소망하는 마음이 담겨 있는 것 같다. 그 소망에 부응이라도 하듯 코미디 광장은 숱한 연인들로 가득하다. 조각 분수대는 석조 건물, 돌 장식, 돌바닥 등으로 자칫 삭막해 보일 수 있는 광장에 여유와 편안함을 주고, 새들의 목마름을 해소해 준다.

코미디 광장의 랜드마크인 오페라 극장Opera Orchestre National Montpellier Languedoc-Roussillon은 1755년에 개관한 후 2002년에

국립 오페라단으로 승격되었다. 이 극장에서는 주로 클래식 공연이 열린다. 건물의 외벽은 화려한 바로크 장식으로 되어 있으며, 간결한 몸통의 기둥은 코린트 양식의 장식으로 건물에 화려함을 더하고 있다. 그리고 야간에는 파란색 조명으로 건물의 청아함을 이끌어 내고 있다. 오페라 극장은 코미디 광장 전체를 관장할 정도의 위용을 지니고 있다.

오페라 극장이 클래식 음악의 공연장이라면, 노천 광장은 대중음악, 길거리 공연 등의 장소이다. 몽펠리에 젊은이들은 코미디 광장의 노천 광장으로 모여서 자신들의 열정과 끼를 발산한다. 젊은이들은 유동인구가 많은 코미디 광장에서 록페스티벌을 비롯한 작은 축제, 전시회, 공연 등을 자주 한다. 사람들은 눈과 귀를 공연자에게 빌려 주며 가던 길을 간다. 연주자들의 공연은 무심한 듯한 사람들의 관심을 끌어내기에 충분하다.

코미디 광장은 늘 사람들로 붐빈다. 특히 주말 저녁의 광장은 젊은이들과 관광객이 섞여서 수많은 인파로 붐빈다. 사람들은 저마다 주어진 상황에서 자신들의 방식으로 광장을 점유한다. 광장은 이름처럼 쇼로 가득하고, 또 인생을 희극처럼 살아가는 사람들로 가득하다. 그래서 광장은 전혀 코믹하지 않은 오페라 극장이 있을지라도, 아름다운 희극으로 삶을 엮어 내고자 하는 사람들로 가득해 보인다. 여행자가 보기에 광장의 사람들 표정은 희극임에 분명하다.

광장은 화려한 조명으로 치장한 유명 프랜차이즈 가게, 술집, 레스토랑, 길거리 음식 등으로 넘쳐 난다. 깊어 가는 겨울밤에 크리스마스트리 장식, 회전목마, 조명을 한 건물 등이 빛을 발한다. 이 중에서도 본능적으로 광장의 오른편에 자리한 지구본에 몸과 눈이 끌린다. 화려한 조명의 지구본이 세상 사람들에게 빛을 전한다. 지구본에서 비춰진 세계는 아름답고 화려하다. 지구 안에서 세상 사람들은 서로 갈등을 빚기도 한다. 그 안에 난민도, 전쟁도 존재한다. 코미디 광장의 지구본은 그런 세상에 서로 사랑하라고 외치는 듯하다. 세상 사람들이 어둠의 권세로부터 벗어나 빛의 자녀가 되길 바라고 있다. 지구본 조명을 보면서 세계 분쟁 지역에 조명처럼 평화가 깃들길 바라 본다. 강대국, 그리고 권력자의 욕심에 의해서 빚어지는 세계의 분쟁으로 양민이 고통을 당하는 것은 온당하지 못하다.

몽펠리에는 건축물의 도시이다. 코미디 광장을 에워싼 건물들은 석조 건물의 아름다움을 보여 준다. 석조 건물의 묘미는 장식물이다. 돌의 건조한 재질에 사람, 꽃, 기하학적 문양 등의 다양한 부조 장식을 통하여 건물의 미를 더한다. 코미디 광장의 건물 지붕은 둥근 돔 장식으로 한층 더 색다름을 보여 준다. 건물에는 광장을 조망하기 좋은 베란다가 있다. 그리고 광장의 한쪽 끝으로 이비스Ibis 호텔 건물이 보인다. 건물은 위층으로 올라갈수록 면적을 줄여서 마치 쓰러질 듯한 비대칭의 모습으로 균형을 잡고 굳게 서 있다. 고건물 사이로 현대식 건물이 눈에 띈다. 호텔 건물은 구도시에서 신도시인 앙티곤Antigone으로 가는 통로이다. 신도시는 몽펠리에가 문화도시로서 품격을 높이기 위하여 개발한 지역이다. 이곳에는 고급 쇼핑센터, 공원 등이 있고, 신고전주의 양식의 건물을 배치하여 건물의 단아함과 권위를 엄숙하게 뿜어내고 있다. 코미디 광장 끝에서 시작하는 앙티곤 구역은 몽펠리에 여행의 또 다른 시작점이 된다. 특히 건축에 관심이 많거나 품격 있는 쇼핑을 원하는 여행자는 현대식 개선문을 지나야 한다. 몽펠리에는 코미디 광장에서 페이루Peyrou 공원까지의 구도시와 앙티곤을 중심으로 한 신도시의 대비가 강한 도시이다. 몽펠리에를 여행하는 사람은 여기에서 도시 경관의 대비를 즐길 수 있다.

몽펠리에 여행의 하이라이트는 코미디 광장에서 페이루 공원까지 이르는 길이다. 코미디 광장의 패스트푸드 가게 뒤로 이어지는 로쥬 거리와 페이루 공원으로 포슈 거리를 따라가는 길은 도시의 인상을 결정한다. 로쥬 거리와 포슈 거리는 도청 광장 앞의 로터리에서 서로 교차한다. 도청 주변에는 종교개혁 당시 저항한 자들을 기리는 기념물들이 많다. 도심의 두 도로를 따라 걷다 보면 몽펠리에의 매력에 빠져든다. 도로를 따라 건축된 높지 않은 건축물들이 경관을 지배한다. 코미디 광장에서 시청 광장까지 가는 길은 젊은이들이 모이는 곳이다. 먹고 마시고 즐기기 위한 쇼핑을 하는 곳으로 식당, 아이스크림 가게, 옷 가게, 편의점, 전자상가 등 상업시설이 즐비하다.

구도심의 거리는 인도와 차도의 너비가 큰 차이를 보이지 않는다. 포슈 거리에는 도로와 인도를 구분하기 위한 석제 볼라드가 도열해 있다. 볼라드는 건물과 조화를 이루기 위해 둥근 모양으로 되어 있다. 골목으로 이어지는 곳이 둥근 모양을 하고 있어서인지 편안한 인상을 준다. 횡단보도를 건너다 말고 가운데 멈춰 서서 도로와 양편의 건물로 이루어진 경관을 눈에 담는다. 미술시간에 배운 대각선 구도가 한눈에 들어온다. 대각선이 만나는 지점, 즉 조망점(眺望點)에 시선이 집중된다. 대각선이 X 자로 교차하는 소실점에 파리를 닮고 싶은 개선문Arc of Triumph이 있다. 1693년에 완공된 개선문은 파리의 것보다는 작지만 황토 빛깔을 가진 암석으로 매우 고풍스럽다. 하얀 바탕에 황토색

몽펠리에 구도심의 도로와 건축 경관

몽펠리에의 개선문

을 띤 석회암으로 세운 개선문은 대리석만큼 화려한 위용은 아니지만 충분히 그 기개가 돋아 보인다. 또한 몽펠리에의 개선문은 조금 작아서인지 인간적이다. 1714년 루이 14세가 사망하자 1715년에 그의 치적을 담은 4개의 부조를 새겨 넣었는데, 개선문 전면에는 "위대한 루이 왕이 72년간 통치하는 동안 분열과 억압과 화합을 거친 후에 1715년 40년 전쟁에서 동맹을 맺은 사람들에게 육지와 바다에서 평화를 가져다주었다."**Ludovico magno LXXII annos regnante dissociatis repressis conciliatis gentibus quatuor decennali bello conjuratis pax terra marique parta 1715**라는 글귀가 새겨져 있다. 그런데 몽펠리에 개선문의 글귀를 프랑스어가 아닌 라틴어로 쓴 까닭이 무엇인지 궁금하다. 아마도 프랑스 남부 지방이 로마제국에 오랫동안 식민지로 있었던 결과가 아닐까 추측해 본다. 그래도 지금 개선문 위에서는 프랑스 국기가 바람에 휘날리고 있다.

개선문 주변에는 몽펠리에 법원Palais de Justice이 있다. 배흘림기둥에 코린트 양식을 가미한 기둥이 줄지어 서 있는 모습은 마치 법원의 권위를 보여 주는 듯하다. 프랑스 어느 법원에서나 볼 수 있는 법원 이름인 JUSTICE(정의)가 맘에 든다. 법원은 정의를 위한 것이다. 그러나 그 정의가 권력에 의해서 정해지는 것이 상례였다. 왕 앞에서는 정의라는 평범한 용어를 사용하지 못하였다. 지금도 정의가 권력과 돈에 의해서 결정되는 경우가 너무도 허다하다. 정의의 저울은 늘 기울어져 있다. 그나마 정의의 저울이 민중에 의해서 겨우 그 평형을 유지해 왔다. 프랑스혁명, 볼셰비키혁명, 동학혁명, 가까이는 촛불혁명 등이 대표적이다. 그러나 여전히 정의란 무엇인지 의문은 지속되고 있고, 정의를 판단하는 자는 돈과 권력으로 말하는 자의 편에 설 가능성이 높다. 몽펠리에의 개선문과 정의는 서로 어울리지 않고 부자연스럽다. 개선문은 왕권이 강할 때, 제국의 침략이 성행할 때의 산물이다. 왕권, 귀족, 국가와 민족을 우선 가치로 내세울 때의 조형물이다. 민중은 신음하고 약소국가나 약소민족은 피를 흘리던 시기였다. 정의는 본질적으로 권력이 없는 자, 사회적 약자를 지향해야 한다.

아치형의 개선문 사이로 페이루 광장에 놓인 루이 14세의 기마상이 보인다. 루이 14세는 말을 탄 채 파리를 바라보고 있고, 말은 앞발을 들고 서 있다. 개선문에서 도로를 건너면 페이루 광장의 정문이 나온다. 정문에 들어서면 넓은 광장이 나오고, 그 가운데 루이 14세의 기마상이 있다. 광장의 양쪽에는 플라타너스 가로수가 루이 14세의 위병처럼 서 있다. 플라타너스나무들은 직각으로 가지를 잘라 깍두기 머리를 하고서 바오바브나무처럼 가분수 모양으로 서 있다. 나무의 높이는 루이 14

세 기마상보다 높지 않게 잘라 두었다. 파리의 알투알 개선문 앞 샹들리에 거리에 도열해 있는 나무와 닮은꼴이다.

페이루 광장에 도열한 플라타너스나무들을 지나면 석조 건물인 물의 정원이 나온다. 물탱크처럼 높이 보이는 석조 구조물이 있고, 그 주변에는 물을 담아 두는 시설이 있다. 건물은 단아한 멋을 지니고 있고, 아치문을 사방에 갖춘 신고전주의 양식을 띠고 있다. 코린트 양식으로 장식을 한 물의 탑은 그리스 파르테논 신전의 기둥처럼 올곧게 서 있다. 페이루 광장의 물의 정원은 메마른 환경에 매우 적절한 시설이면서 아름답기까지 하다. 물로 연출된 물의 정원은 아름다운 경관을 연출한다. 넓게 담겨진 물은 거울처럼 주변의 풍경을 물 위에 담아낸다. 이른 아침 일출의 모습부터 석양의 경치까지 담아낸다. 밤에는 조명의 빛을 아름답게 반사시킨다. 이것은 몽펠리에 시민들에게 물을 공급하는 시설이다. 시민들에게 물을 공급하기 위해서는 어디에선가 물을 끌어와야 한다. 언덕인 이곳까지 물을 끌어오기 위해 로마제국의 수로 방식을 이용하였다. 그런데 몽펠리에는 로마제국의 지배를 받지 않은 곳이다. 인근의 프로방스 지방은 로마의 지배를 받았고, 그 유적으로 로마의 수로 기술인 수도교가 남아 있다. 그러나 몽펠리에도 수도교가 존재하지만 로마가 남긴 식민지 유산은 아니다. 몽펠리에가 로마의 기술을 이용하여 페이루 광장까지 물을 끌어온 것이다. 18세기에 건설한 수도교는 원형을 잘 유지하고 있는데, 광장 바로 아래는 1단의 아치로, 더 낮은 곳은 3단의 아치로 건축되었다.

페이루 광장은 석양을 즐기기에 좋은 장소이다. 지중해의 태양이 지평선 너머로 질 때 하늘에 남기는 몽환적 색조는 보는 이를 시인으로

몽펠리에의 로마 시대 수도교

만들고, 함께 보는 누군가와 사랑에 빠지게 한다. 페이루 광장은 몽펠리에에서 상대적으로 높은 언덕에 해당하는 곳이어서 사방이 개방되어 있다. 광장의 돌담 아래로는 몽펠리에의 도시 전경이 펼쳐진다. 페이루 광장 옆에는 시민공원이 있고, 주민들의 주택과 경계를 짓기 위한 높은 돌담이 있다. 그리고 페이루 광장으로 들어가는 입구에는 출입을 통제하기 위한 철제 방어물이 있다. 그런데 프랑스답게 출입자를 통제하기 위한 뾰족한 침마저도 아름다운 장식과 곡선미를 지니고 있다.

몽펠리에는 지중해에서 내륙으로 10km 지점에 위치하고 있다. 지중해의 해안사구와 사빈으로 이루어진 해안에서 내륙으로 도시를 이동한 이유는 해적들의 습격 때문이다. 바다의 무법자들인 해적들의 습격을 피하기 위해서는 바다로부터 멀리 떨어지고, 높은 곳에 성을 쌓아서 방어할 필요가 있었다. 몽펠리에는 바로 그런 기능을 가진 도시이다. 몽펠리에는 985년 문헌에 처음으로 언급되고 있으며, 봉건 영주인 Guilhem이 두 마을을 통합하여 마을 주변에 성과 성벽을 쌓아 올려서 건설하였다(Wikipedia). 몽펠리에는 원래 Monspessulanus에서 유래하였고, 식생이 부족하기에 민둥산을 의미하는 '몽 펠레'mont pele와 언덕의 산이라는 뜻을 가진 '르 몽 드 라 콜린'le mont de la colline에서 어원을 찾을 수 있다(Wikipedia). 그래서 몽펠리에는 언덕을 뜻하는 몽 Mont에서 알 수 있듯이, 그 지역의 평지 중에서 가장 높은 지점인 해발고도 57m의 언덕 위에 세워졌다.

페이루 광장의 왼편에는 예수상이 있다. 십자가에 매달린 예수상은 새삼 종교의 자유를 위한 고난의 역사가 몽펠리에에 있음을 보여 준다. 도청 광장에도 지금의 몽펠리에를 만든 종교자유자들의 죽음을 기리는 상징물이 있다. 몽펠리에가 신앙의 자유와 밀접한 관련이 있음을 도시에서 쉽게 확인할 수 있다. 그러나 지금 도시를 걷는 사람들에게는 종교적 경관이 눈에 들어올 뿐이다. 유럽에서는 눈에 밟히는 흔한 건축물이 종교 건물이지만, 이곳 몽펠리에에서 보는 교회는 달리 보인다. 예수 이후 바울의 선교여행으로 로마제국에 기독교가 전파되고, 다시 콘스탄티누스 황제가 이를 국교로 받아들여 유럽 전역으로 전파되었다. 그리고 서구 제국주의와 함께 세계 종교로 확산되었다. 왕과 교황의 종교로 변한 기독교가 이곳 몽펠리에에서 중간계급과 민중의 종교로 거듭나려 몸부림을 쳤다. 종교개혁 당시 종교의 자유를 외친 자들의 삶은 죽음 가까이에서 사는 삶이었다.

몽펠리에는 자유의 도시이다. 특히 사람의 사고를 가장 크게 지배하는 종교는 신념 이상의 것이어서, 이를 두고서 목숨을 걸고 싸우기도 하였다. 프랑스에서는 종교개혁 이후 신교와 구교가 하느님을 믿는 방식을 두고 죽기 살기로 싸웠다. 이런 싸움에는 권력이나 이해관계가 종교를 빙자하여 끼어들기 일쑤이다. 프랑스도 예외는 아니어서 40년 동안 종교전쟁을 하였다. 신교도인 위그노는 이곳 몽펠리에를 저항의 도시로 만들었다. 위그노들은 자유는 곧 저항에서 출발하는 것이고, 저항의 결과로 얻은 것이 자유임을 몸소 보여 주었다. 종교전쟁이 마감된 것은 루이 13세가 낭트 칙령을 발표하면서이다. 칙령의 발표 당시를 기준으로 신교와 구교가 현재의 상태에서 자신의 신앙생활을 하도록 허락하였다. 하지만 왕은 자신의 권력 유지를 위하여 국민들의 안녕에는 관심이 없는 경우가 많다. 루이 14세는 1685년 10월 18일 프랑스에 종교의 자유를 준 낭트 칙령을 철폐하였다. 이로써 그는 프랑스의 신교도들에게 허용한 모든 종교적 자유와 시민으로서의 자유를 박탈했다. 신교도들은 다시 박해의 시대에 접어들었고, 그들은 종교의 자유를 위하여 프랑스를 떠나서 스스로 디아스포라를 자청하였다. 40만 명이 넘는 위그노들은 영국, 프로이센, 네덜란드, 미국, 그리고 멀리 남아프리카공화국으로 떠났다. 신교도는 대부분 귀족이나 왕족이 아니라 상인, 군인 등의 계층이었다. 왕과 귀족 중심의 프랑스 땅에서 신앙을 위한 새로운 땅으로 이동한 것이다. 몽펠리에는 신교도를 믿는 사람들이 많이 거주하던 곳이다. 종교의 자유와 시민적 지위를 위하여 종교개혁을 할 당시에 몽펠리에 시민들은 저항을 하였다. 무역이 성행하고 부를 축적한 상인계층이 상대적으로 많았던 몽펠리에 시민들이 신교도의 입장에 서는 것은 매우 자연스러웠다. 자유를 갈구한 몽펠리에는 파리를 닮는 것을 넘어서 자신들만의 독특한 경제, 문화 등을 추구하였다. 이런 정신은 몽펠리에에 학문, 종교의 자유를 가져왔다. 그리고 이런 전통은 오늘날 몽펠리에를 젊은이의 도시로 만들었다. 몽펠리에 시민의 약 1/3이 젊은이라는 점이 이를 잘 말해 주고 있다. 코미디 광장과 로쥬 거리와 포슈 거리에 젊은이들이 많은 것은 너무도 당연한 결과이다. 여행자인 나도 자유를 찾고자 했던 그 광장에서 저절로 젊어지고 있었다.

몽펠리에의 별칭은 '리틀 파리'이다. 그만큼 파리를 닮고 싶어 했던 도시이다. 특히 파리의 심장부인 개선문 주변의 파리를 닮고 싶어 했다. 건물의 모양, 경관, 정원수조차도 프랑스의 심장부인 파리를 닮고 싶었다. 닮고 싶다는 것은 다중적 의미를 지닌다. 먼저, 아이러니하게도 닮고 싶은 만큼 콤플렉스도 큰 법이다. 또한 닮고자 한다고 똑같이 닮을 수 없는 숙명을 가지게 마련이다. 몽펠리에는 프랑스 변방의 도시이다. 더욱이 몽펠리에는 지중해 세력과 북아프리카 이슬람 문화권 등의 영향으로 프랑스의 비주류 지역으로 볼 수 있다. 비주류는 끝없이 주류에 편입하고 싶은 욕망을 가지고 있다. 그래서 페이루 광장을 건설하였으나, 몽펠리에의 종교 자유를 억압한 루이 14세의 동상을 세운 것은 왕권에 대한 빗나간 충성의 표현이거나 파리로의 편입에 대한 열망이라는 생각이 든다. 다음으로, 프랑스 변방의 도시인 몽펠리에가 더 이상 변방의 도시가 아님을 선포하는 역설적 의미를 가지고 있다. 이것은 몽펠리에가 파리 못지않게 경제적 부를 축적하고 있음에 대한 과시일 수 있다. 경제적 부와 정치적 권력 간의 저울추가 어느 정도 일방적인 방향에서 움직이고 있음이다. 부를 가진 자들의 사회적 지위와 권력이 커지고 있음이다.

몽펠리에는 지중해 일원과 아프리카, 멀리 중동 지역 너머까지 무역이 성행했던 도시이다. 유럽이 향신료의 무역에 집중했을 때 지중해 해안에 자리 잡은 몽펠리에는 최적의 도시였다. 당시 향신료는 부가가치가 가장 높은 무역 품목이었다. 커피, 차, 계피, 후추 등은 황금알을 낳는 돈벌이였다. 더욱이 몽펠리에는 우기가 매우 짧고 연중 내내 맑은 날씨인 지중해성 기후를 가진 도시여서 포도나무와 라벤더 등의 허브를 재배하기에 적합했다. 그래서 몽펠리에는 허브 향을 담은 포도주를 생산하였다. 남부 지중해에서 담근 포도주는 프랑스 귀족들의 미각을 사로잡기에 충분하였다. 그러한 상품들이 이곳 몽펠리에를 통하여 프랑스 내륙의 대도시로 퍼져 나갔다. 물론 가까운 도시인 마르세유도 마찬가지 역할을 하였다. 부를 축적한 몽펠리에는 프랑스 파리를 닮은 건축물, 도로, 상징물 등을 건축하여 세상에 몽펠리에를 자랑하고 싶었을 것이다.

몽펠리에는 향신료의 무역으로 얻은 부를 대학교육에 투자하였다. 그래서 몽펠리에라는 작은 도시에 유서 깊은 유명 대학들이 많다. 개선문 주변의 몽펠리에 대학교는 약학, 법학 등이 특히 유명하다. 유럽에 페스트가 창궐하던 시대에는 사람을 살리는 약이 중요하다고 생각하였고, 자연스럽게 약학이 발전하였다. 노스트라다무스가 이곳 몽펠리에로 오게 된 것도 이런 연유에서 비롯되었다. 그는 약초를 이용한 약품개발에 관심이 많았으나 약제사(藥劑師)라는 이유로 대학교에서 퇴학을 당하기도 하였다. 당시의 약제사는 점성술사와 동일하게 취급됐기 때문이다. 그는 퇴학 처분에도 굴하지 않고 신약 개발에 전념하여 마르세유에서 '장미 환약'을 개발하는 성과를 내기도 하였다. 훗날 그는 페이루 광장 주변의 소나무가 죽는 날 몽펠리에가 망할 것이라는 예언을 남기기도 하였다. 이처럼 몽펠리에에는 부가 모이고, 사람들도 모여들었다. 이 정도면 몽펠리에가 리틀 파리로서 자긍심을 갖기에 충분했다.

다시 페이루 광장에서 출발하여 개선문을 지나 코미디 광장으로 되돌아간다. 하지만 왔던 길로 똑같이 가고 싶지는 않다. 여행자의 마음은 늘 호기심 천국이기에 그렇다. 가던 길을 돌려 구도심의 골목길로 들어선다. 좁은 도로가 사람들로 붐빈다. 도로는 풀 한 포기 자랄 수 없을 정도로 돌로 포장되어 있다. 비도 별로 오지 않는 기후 조건을 가진 도시의 골목에는 습기조차 없어 보인다. 너무 삭막했는지 가게 주인들은 작은 화분을 좁은 틈에 내어놓았다. 골목에는 삶과 문화가 있다. 길이 좁아서 담은 더 높아 보인다. 담과 담 사이에는 문이 있다. 문 안으로 들어가면 사적 공간이고, 문 밖으로 나오면 공적 공간이다. 사적 공간과 공적 공간이 만나는 지점에 골목 가게가 있다. 작은 음식점, 카페, 담배 가게, 편의점 등이 있다. 몽펠리에 소시민의 삶을 조금 엿본다. 어차피 여행자는 골목 안의 사적 공간을 볼 수 없다. 지극히 이해관계로 접하는 가게 주인과 지나가는 사람 등을 만날 뿐이다. 좁은 골목을 가다 보면 성당 앞에 상대적으로 넓은 광장이 나타난다. 주차하기도 좁은 광장이긴 하지만 그 건물이 가진 역사와 살아온 주민의 삶을 조금만 생각해 봐도 절로 의미 부여가 된다. 골목 안에는 길거리 가수도 있고, 현란하지 않지만 거리 장식도 있다. 도청 앞 광장으로 몰려든 젊은이들을 조금이라도 유인하고픈 골목상권의 몸부림으로 보인다. 골목의 삶이 고달픈 것은 이곳 몽펠리에나 우리의 뒷골목이나 마찬가지로 보인다. 이곳에서 여행자는 이방인의 시선을 즐기면서 어느 카페나 식당에서 작은 경험을 축적하는 기회를 가질 수도 있다. 여행자의 발길은 저절로

몽펠리에 구도심의 골목길(상), 골목길의 교회 광장(하)

사람들이 많은 곳으로 간다. 때맞춰 골목길이 자연스럽게 큰 도로와 이어진다. 잠시 주변의 풍경에 넋을 놓고 걸으니 이내 보슈 거리로 이어진다.

보슈 거리로 나오니 길거리의 조명이 밝다. 절제된 네온사인이 도시를 위로한다. 도로 주변은 작은 상가들로 빼곡하다. 음식점, 커피숍, 기념품 가게, 편의점, 아이스크림 가게 등이 오가는 사람들을 유혹한다. 여행자들이 즐기기에 좋은 장소이다. 이런 장소는 그 규모와 상관없이 광장이 되어 사람과 사람을 만나게 해 준다. 모르는 사람들조차도 친숙해 보인다. 같은 가게를 찾고, 같은 음식을 먹고 싶은 것만으로도 서로에게 열린 마음을 갖게 된다. 마침 한국의 프랜차이즈 음식점이 눈에 들어오더니 본능적으로 식욕을 자극한다. 세계화 시대에 세계시민을 지향하며 살고 있지만, 고향 음식을 보는 순간 태생의 정체성은 나의 모든 오감을 잡아 끈다. 낯선 곳에서 낯선 음식을 접하는 것이 여행의 재미이긴 하지만, 여행 중에도 라면이 당기는 것은 먹거리의 회귀본능에 관한 증거일 것이다. 라면을 먹으면 김치가 생각난다. 몸이 오감으로 그 부름에 반응을 한다. 그러나 회귀본능하려는 마음을 애써 다잡고 다시 발길을 옮기는데 웬 사람들이 가게 앞에 일렬로 줄을 서 있다. 여행자는 사람들이 모여 있으면 본능적으로 촉수를 세워 반응한다. 무언가 재미있는 일이 있거나 그것을 보지 못하면 후회할 듯해서 그곳을 그냥 지나치지 못한다. 자연스럽게 그리고 익숙하게 아이스크림 가게 앞에 줄을 서 있는 나를 발견한다. 그리고 젤라토gelato 아이스크림을 먹는다. 과즙, 과육, 우유 등을 넣어서 얼린 이탈리아식 아이스크림이다. 아이스크림에 공기 함유량이 적고 찰기가 강한 특성이 있다. 프랑스 몽펠리에에서 한국 음식을 먹고 이탈리아식 후식을 먹으니, 한 장소에서 세 나라의 문화를 동시에 경험하는 셈이다.

몽펠리에를 거닐면서 도시의 경관을 다시 한번 바라본다. 도시에는 젊은이가 넘친다. 젊은이의 도시여서 활기가 넘친다. 오래된 도시에 청년들이 넘쳐 나니 도시는 더욱 세련미가 있어 보인다. 몽펠리에는 프랑스 사람들이 가장 살고 싶어 하는 도시이다. 몽펠리에가 가진 자유에의 갈망, 쾌적한 기후, 여유로운 경제, 천년 고도의 전통문화, 프랑스다운 정체성, 높은 삶의 질 등이 사람들을 매료시킨다. 파리를 닮고 싶어 했지만 파리보다 더 여유롭고 아름답다. 건축물은 단아하고 기풍(氣風)이 있으며 자신만의 개성을 잃지 않고 있다. 거리를 걸으며 우리와 같은 일상이 존재함을 확인한다. 코미디 광장에서 사람들 속으로 스며든다. 몽펠리에는 매력적인 도시이다.

Chapter 10

우리가 지킬 가치를 생각하는 도시,

마드리드 Madrid

프랑스 몽펠리에에서 스페인 마드리드로 가는 길

몽펠리에에서 기차를 타고 스페인 마드리드 Madrid로 향한다. 기차는 역과 역을 이어 준다. 별개의 도시를 네트워크로 연결해 준다. 거친 땅 위에 철길을 건설하여 산과 강으로 단절되었거나 왕래가 힘든 곳들마저도 서로 연계시켜 준다. 기차는 근대화의 상징으로서 국가를 넘어 대륙으로 그 검은 야욕을 펼쳐 갔다. 기차는 제국주의 탐욕의 상징으로서 지구상의 약소국을 침탈하는 도구의 기능을 충실히 수행하였다. 해안에서 출발하여 내륙으로 철길을 잇고, 다시 철길을 이용하여 약탈을 일삼았던 슬픈 과거를 우리는 알고 있다. 기차는 근대 문명의 기수로서 도시의 성장과 발전을 가져오기도 하였다. 하지만 자동차의 시대가 도래하면서 기차는 화물을 실어 나르는 존재로 전락하기도 하였다. 그런데 오늘날 어떤 기차는 느리게 가기에, 또 어떤 기차는 빠르게 가기에 다시 조명을 받고 있다. 느린 기차는 근대 문명으로 초대를 해 주기에 관광 목적으로 각광을 받고 있다. 도심에서는 트램이나 전철로 느리게 달린다. 반면 빠른 기차는 공간을 축소하고 있다. 인간은 교통수단을 개발하여 거리를 좁히고 있다. 그의 이름은 고속철도이다. 몽펠리에에서 마드리드로 가는 기차도 고속으로 질주한다. 가는 길의 중간 역에서 사람을 내리고 태우면서 길을 재

프랑스 몽펠리에에서 스페인 마드리드로 가는 길의 경관

촉한다. 국경을 향해 가는 기차의 창밖으로 작은 도시가 보인다. 프랑스 남부의 경관이 쏜살같이 지나간다.

해안도시인 몽펠리에를 출발하자 해변의 바다에 거친 파도가 일어난다. 해안은 갈대와 함께 크고 작은 사주sand bar가 길게 띠를 이루고 있다. 철길과 일정한 거리를 유지하면서 해안은 멀리 자신의 경관을 드러내 준다. 사주는 바다가 물길을 막아 석호를 만들어 놓기도 하였다.

해안 너머 먼 곳에서는 한 자락 바람마저도 잡아서 날개를 돌리겠다는 의지로 풍력발전기가 한 줄로 서서 빙빙 돌고 있다. 기차는 내륙으로 접어들어 스페인을 향하여 평원을 달린다. 기차가 국경을 향하여 달려가고 있음을 멀리 보이는 눈 덮인 산이 알려 준다. 피레네산맥의 정상에 쌓인 하얀 눈이 이채롭게 보인다. 이 산은 기차가 스페인 국경에 가까이 왔음을 알려 준다. 기차는 스페인 국경 30km 전방에 위치한 페르피낭Perpignan에 잠시 멈춘다. 기차가 멈추자 몇 사람이 가방을 끌고 플랫폼을 빠져나간다. 제국주의가 판을 칠 때에는 국경의 도시가 바람 잘 날이 없었다. 프랑스의 싸움닭인 루이 14세가 영토 확장을 위하여 주변국과 갈등을 일으킬 때 이곳도 예외는 아니었다. 스페인과의 전쟁 이후 1659년 피레네 평화조약을 통하여 피레네산맥 북쪽에 위치한 페르피낭은 스페인령에서 프랑스령으로 주인이 바뀌었다. 이곳은 스페인 내전 때에 스페인 난민들의 피난처가 되기도 하였다.

기차는 과거의 역사에 아랑곳하지 않고 국경을 지나간다. 역사는 역사일 뿐이다. 현재를 사는 사람들에게 역사는 그렇게 중요해 보이지 않는다. 국경은 나라와 나라의 경계이다. 국경은 국가의 힘이 미치는 끝 지점이다. 국경은 주로 자연환경을 토대로 이루어진다. 강이나 산맥은 나라와 나라를 가르는 데 중요한 역할을 한다. 과거 국가주의가 팽배하

기차에서 본 피레네산맥

지 않았을 때에 국경은 서로 다른 지리적 특성을 가진 두 지역 사이에서 중간적인 현상이 나타나는 점이지대였다. 점이지대는 국경을 선이 아니라 일정한 면으로 일궈 놓는다. 점이지대로서 대표적인 것이 산맥과 강이다. 피레네산맥은 오랫동안 프랑스와 스페인의 경계로서 기능하였다. 머리에 하얀 눈을 이고 있는 피레네는 그 자태만으로도 경계가 되고 있다. 경계는 문화를 다르게 만들기도 한다. 문화적 동질성보다는 이질성을 강화하고, 그 이질성은 문화적 정체성에 영향을 주어 사람들의 사고와 행동을 지배한다. 피레네산맥을 중심으로 양쪽의 문화와 삶이 서로 다르게 나타난다. 그리고 국경은 서로 다른 국가나 민족이나 종족의 힘이 최소로 미치는 일련의 장소였다. 그러나 국가가 성립되고 국가의 영토 개념이 강화되면서 국경은 더 이상 변방이거나 점이지대가 아니다. 과거 국경이 면의 개념으로 존재하였다면, 이제 국경은 선의 개념으로 바뀌었다. 서로 간에 영토를 극대화할 수 있는 방법이 선이기 때문이다. 그래서 국경은 보이게, 때론 보이지 않게 선으로 존재한다. 기차는 사람들이 만들어 놓은 선을 넘어서 그냥 달릴 뿐이다. 하지만 역무원은 그 국경을 잘 알고 있다. 헝가리 부다페스트에서 독일 뮌헨으로 가는 국제열차를 탔을 때의 일이다. 헝가리, 오스트리아와 독일의 국경을 넘을 때마다 각기 다른 역무원들이 기차표 검사를 했다. 새삼 국경을 넘고 있다는 것을 실감 나게 해 주었다. 역무원들은 알 듯 모를 듯 자국의 언어를 이용하여 검표를 했다. 북한의 김정은 국무위원장이 2018년 4월 27일 분단의 선을 넘어 남한의 판문점으로 왔다. 그는 5cm 너비의 선을 넘어섰다. 이 선은 단순한 선이 아니다. 그가 선을 넘은 것은 한반도에서 역사가 되었다. 국경은 그런 상징을 가진 정치적 경계이다.

기차는 스페인 땅으로 넘어가 사라고사Zaragoza를 향해 내륙으로 들어갔다. 기차는 해안을 멀리 하고 이베리아반도 속으로 향한다. 스페인 내륙으로 접어들면서 프랑스 남부 해안과 사뭇 다른 자연경관이 펼쳐진다. 지형이 이국적이다. 붉은 토양이 인상적으로 눈에 띈다. 미국 서부에서 보았던 메사mesa와 뷰트butte 지형들도 보인다. 신대륙의 약탈 시기에 스페인 정복자들이 아메리카 대륙에 들어가 비슷한 지형에 스페인 지명을 붙인 것을 지금도 사용하고 있다. 푸른 하늘에는 뭉게구름이 펼쳐 있고, 하늘 아래에 가지런하게 포도나무가 도열해 있다. 농지의 끝에는 작은 숲이 있다. 멀리 보이는 산지와 산지 사이에 농지를 이용한 포도 과수원이 보인다. 과수원 가운데에 작은 집이 덩그러니 남아 외롭게 주인을 기다리고 있다. 과수원 농지는 산 아래까지 펼쳐져 있고, 길은 농지를 따라가 주인을 돕고 있다. 포도 농사를 짓기에 적합해 보이지 않는, 경사가 급한 산지에는 올리브나무들이 군락을 이루고 있다. 농지의 고랑마다 가을에 추수를 한 흔적이 남아 있다. 기찻길을 만들려고 구릉을 깎아 낸 자리는 기차를 타고 가는 사람들에게 속내를 훤히 드러내 보이고 있다. 노두(露頭)는 자신이 과거에 어느 낮은 곳에 있다가 만들어진 퇴적 지형임을 붉은색을 토해 내며 외치고 있는 듯하다. 다시 창밖으로 간간이 마을이 나오고, 농사를 짓는 농지가 번갈아 나온다. 마드리드로 가는 길에 기차의 창밖에서 반복적으로 나타나는 자연경관과 인문경관에 시선을 주면서 이국의 풍경을 즐긴다. 기차는 이베리아반도의 중심인 마드리드로 달려간다.

창밖으로 다양한 풍경이 같은 듯 다른 모습으로 스쳐 간다. 시선을 멀리 두고 보이는 풍경들을 눈에 담는다. 사각의 유리창으로 보이는 풍경이지만, 영화의 슬라이드를 보듯 경관이 펼쳐진다. 기차 여행이 주는 참맛이다. 직접 운전을 하지 않으니 밖의 풍경에 고루 시선을 줄 수 있다. 보이는 것들이 전부는 아니지만, 내비게이션에 의지하지 않으면서 주체적으로 경관을 감상할 수 있다. 가끔 동행자와 수다를 떨면서, 때론 음식을 즐기면서 스쳐 지나가는, 아니 여행자를 따라오는 경관을 즐긴다. 창밖으로 보이는 경관을 골라서 보는 재미도 있다. 큰 장면, 작은 장면으로 시야를 조절하며 마음대로 경관을 볼 수 있다. 보이는 것들과 대화를 할 수는 없지만, 곧 경관 너머의 삶도 미루어 짐작해 본다.

기차가 점점 마드리드로 다가가면서 여행자의 마음도 바빠진다. 아마도 마드리드에서 만날 풍경과 그 풍경이 줄 인상을 기다리고 있기 때문일 것이다. 자리에서 일어나 캐리어를 살펴보고 주변을 정리한다. 마음은 벌써 마드리드의 아토차 역에 가 있다.

프랑스 몽펠리에를 출발한 고속기차가 스페인 최대 도시 마드리드에 도착하였다. 마드리드의 아토차 역**Estacion de Atocha**은 무척이나 번잡하다. 이 역은 아르간수엘라**Arganzuela** 지역 인근에 위치해 있고, 마드리드 주변을 운행하는 아토차 교외선**Atocha Cercanías**과 마드리드에서 장거리를 운행하는 푸에르타 데 아토차**Puerta de Atocha** 역으로 구성되어 있으며, 이를 합쳐서 아토차 렌페 역이라고 부른다. 세련된 현대식 푸에르타 데 아토차 역은 여느 역과 다름없이 기차를 타고 내리는 사람들로 분주하다. 이 역은 마드리드에서 스페인 전역과 유럽으로 통하는 기차들의 출발역이자 종착역으로서 허브 역할을 하고 있다. 아토차 역은 2004년 3월 11일 마드리드에서 동시다발적인 폭탄테러 사건이 발생한 후 출입 통제 등의 보안이 철저하다. 플랫폼마다 떠날 준비를 하고 있는 아베**Ave** 고속열차가 자리를 잡고 있다. 플랫폼을 빠져나오니, 가게와 식당과 카페 등으로 역 안이 복잡하다. 이리저리 역 안을 헤매다가 이정표를 따라서 겨우 방향감각을 찾았다.

아토차 역을 나오니 오래된 역사(驛舍)가 눈에 들어온다. 이곳은 철골 트러스트가 천장을 버티고 있고, 지붕에는 투명한 창을 만들어 조명

푸에르타 데 아토차 역 모습(상), 푸에르타 데 아토차 역내의 열대식물 정원(하)

을 밝게 해 주고 있다. 적벽돌로 벽과 기둥을 세워 건물의 풍미를 더하고 있다. 둥근 돔의 지붕에는 둥근 지구와 날개 달린 상상의 동물이 좌우를 지키고 있다. 역사 안에는 열대식물 정원Jardin Tropical en Madrid이 있다. 계단을 따라서 아래층으로 내려가 보니 키 큰 야자수와 바나나 잎이 높고 넓은 공간을 지배하고 있다. 기차역의 철골 트러스트, 붉은 벽, 높은 천장에 녹음의 열대식물로 정원을 가꾸어 놓은 것이 이색적이다. 그 안에는 거북이들이 자리를 차지하고 있다. 2층에서 계단으로 내려가는 길에는 청동 동상이 서 있다. 한 손에 서류철을 들고 서 있는 신사의 모습이다. 신사의 발 아래에는 5:5 가르마를 한 소녀상이 있고, 이를 딛고 펜을 든 신사가 서 있다. 정장을 하고 있는 것으로 보아 여행하는 사람은 아닌 듯하고 혹시 철도 업무를 도와주는 사람이 아닐까 생각해 본다. 이 건물은 과거 스페인과 유럽으로 통하는 기차의 플랫폼이었다. 여느 유럽 대도시의 기차역과 같은 구조를 하고 있다. 높은 천장을 가진 과거의 기차역은 증기를 뿜으며 달리던 추억을 기억할 것이다. 이 건물은 밖에서 보면 더욱 웅장하다. 붉은 벽돌이 주는 고색창연함과 함부로 범접하기 쉽지 않은 권위를 동시에 지니고 있다.

마드리드 아토차 역의 출구를 어렵게 찾아 역 앞의 광장으로 나왔다. 이베리아반도의 강렬한 태양이 여행자를 맞는다. 눈이 부시게 비추는 태양을 선글라스로 차단하고 거리로 나왔다. 높지 않은 오래된 건물들이 낯선 여행자를 반긴다. 기차역을 빠져나오자마자 다시 방향감각을 상실하였다. 기왕 헤맬 바에야 주변 지역의 건물들을 적극적으로 살펴보기로 작정한다. 그런 마음으로 다니다 보니 그 유명한 인류학박물관 Museo Nacional de Etnologia과 농업부Minsterio de Agricultura 건물이 보인다. 그리고 길 건너에 위치한 호텔을 보고 방향을 찾은 후에 가벼운 발걸음으로 호텔로 향한다.

여행자에게는 늘 하루를 묵을 숙소가 중요하다. 다양한 사이트에서 고르고 골라 호텔을 예약한 후 프런트에서 방을 확인한다. 오늘 묵을 방이 어떨지 궁금하다. 프런트 직원이 알려 주는 방 호수와 방 카드를 받고서도 다시 한번 확인한다. 이것이 나의 버릇이다. 그리고 금연 방

여부와 침대의 크기를 재확인한다. 씩씩하고도 익숙하게 방을 찾아서 좁은 복도를 지나간다. 호텔 방에 들어가면 먼저 여행가방의 자리를 잡는다. 그리고 가방을 풀고 필요한 것들을 편리하게 사용할 수 있게끔 물건들의 자리를 배치한다. 여행자로서 익숙한 듯 불편한 호텔에서 잠을 청한다. 호텔에 등급은 있을지라도 기본적으로 갖추어야 할 것은 등급에 상관없이 모두 갖추고 있다. 잠을 자고 몸을 씻고 옷장에 옷을 정리하고 차 한 잔을 마시고, 그리고 컵라면을 먹기도 한다. 호텔은 늘 그 자리에 있으면서 손님을 맞이하고 떠나보낸다. 떠나간 손님이 호텔로 다시 오기가 몹시 어렵다는 것을 알기나 하듯 호텔은 무표정한 표정으로 여행객을 떠나보내고 새로운 손님을 맞이한다. 여행을 하면서 몸을 둘 곳이 있다는 것만으로도 충분히 행복하다. 하지만 호텔이 아무리 편안해도 여행자는 호텔 밖의 세상을 제일 보고 싶어 한다.

호텔에 짐을 풀고 난 후, 부지런히 마드리드 시내로 향한다. 먼저, 솔 광장Puerta del Sol으로 행선지를 정하였다. 솔 광장으로 걸어가는 길에 보이는 건물들이 도시의 역사를 묵묵히 말해 준다. 과거에도 수많은 사람들이 오갔을 도로를 따라서 걷는다. 도로는 사람들로 가득하다. 마드리드 거리에서 추로스churus를 한입 물고 길을 걷는다. 스페인의 계피 향이 가득한 추로스가 여행자의 입맛을 잡아 당긴다. 하나 더 사서 입에 문다. 그리고 스페인스럽게 마드리드를 느껴 본다.

여행을 하면서 새롭게 보이는 것은 늘 반갑다. 사람들이 끝없이 여행을 감행하는 이유도 여기에 있을 것이다. 푸에르타 델 솔Puerta del Sol 광장은 새로움을 충족시키기에 충분한 곳이다. 솔Sol은 태양이니, 솔 광장은 태양의 문 광장이다. 이름에 걸맞게 광장의 태양은 저녁노을을 토해 내기 직전이다. 스페인의 강렬한 햇볕이 얼굴의 전면에 와 닿는다. 얼굴에 쏟아지는 태양의 감촉이 좋다. 강한 태양 볕은 눈을 감게 하지만, 겨울로 가는 길목의 오후 햇살은 감미롭다. 태양은 얼굴에 온기를 심어 주고, 건물들의 명도를 달라지게 한다. 광장에서는 건물의 높이에 따라서 빛의 구역이 결정된다. 석양으로 저물면서 태양은 고도를 낮추어 자신의 빛을 거두기 시작한다. 빛이 거두어지면서 태양은 자신의 마지막 자존심을 하늘의 붉은 노을로 토해 낸다. 태양이 지구 저편으로 사라지면, 도시는 또 다른 얼굴을 한다. 태양의 빛이 아닌 네온사인과 크리스마스 장식 등 인간이 만든 빛이 도심의 어둠을 밝혀 준다. 특히 가로등은 도시의 밤을 밝혀 주는 데 있어서 백미이다.

일요일 오후, 솔 광장은 인파로 가득하다. 남녀노소, 국적 불문의 사람들이 마드리드 솔 광장으로 쏟아져 나온 듯하다. 넓은 광장은 캐릭터 인형을 쓴 호객꾼, 물건을 파는 상인, 광장 주변의 가게, 식당 등으로 초만원이다. 광장은 유비무환의 정신으로 조심해야 할 곳이다. 여행자가 무방비로 노출되어 있는 곳이기에 그렇다. 전구를 네 개씩 달고 있는 가로등이 어깨춤을 추듯 광장 주위를 지키고 있다. 광장 한쪽에는 행운을 파는 복권 판매소가 자리하고 있다. 광장 한편에 있는 기마상의 주인공은 카를로스 3세Carlos III이다. 그는 전제 계몽군주로서 스페인의 경제와 문화 발전에 큰 공헌을 한 왕으로 평가를 받고 있다. 그러나 사람들은 그 왕에 관심이 없다.

솔 광장은 1808년 카를로스 4세 때에 스페인을 침략한 프랑스의 나폴레옹 군에 저항한 장소로 유명하다. 임진왜란 때에 왜군이 명나라를 치기 위하여 조선이 길을 터 주길 바란다는 말로 조선을 유린하였듯

솔 광장의 모습

이, 프랑스는 카를로스 4세에게 포르투갈을 쳐서 절반을 스페인에게 줄 테니 길을 열어 달라고 속여 스페인을 점령하였다. 왕의 어리석음으로 국민들이 죽임을 당하는 것은 유럽이나 한국이나 매한가지다. 마드리드의 시민들은 왕보다 나라를 사랑하였기에, 기꺼이 프랑스의 나폴레옹 군을 상대로 저항하였다. 스페인은 작은 전쟁을 의미하는 게릴라guerilla 전투를 펼쳤다. 게릴라는 스페인어 게라gurerra에서 유래하였다. 하지만 그 대가는 참혹하였다. 프랑스 군은 마드리드 시민들을 학살하였고, 고야Goya는 이를 그림으로 기록해 남겼다. 그 기록이 프라도 미술관에 소장되어 있는 작품 '마드리드, 1808년 5월 2일'과 '마드리드, 1808년 5월 3일'이다. 학살의 공포가 얼마나 큰지를 손을 들고 있는 시민의 모습에서 확인할 수 있다. 인간은 전쟁을 빙자하여 무감각하고 무참하게 사람을 죽인다. 현대 사회에서 일어난 양민 학살도 그런 연유에서 비롯되었다. 철학자인 한나 아렌트Hannah Arendt가 유대인 학살에서 간파한 '악의 평범성'을 여기에서도 찾아볼 수 있다. 사람은 무엇을 위하여 사람을 죽이는가? 무지하게도 우리는 국가에 대한 충성, 군인으로서의 직무 충실, 자기 역할에 최선을 다하는 태도 등으로 인하여 무고한 사람을 죽이는 일을 별생각 없이 행할 수 있다.

솔 광장은 하얀색, 베이지색의 건물들이 에워싸고 있다. 건물에 포위된 많은 사람들이 광장 안에 포로로 잡혀 있는 모습이다. 솔 광장에서 인상적인 건물은 하얀색에 붉은색을 대비한 왕립중앙우체국Real Casa de Correos이다. 이곳은 우편물을 수령하는 사람과 발송하는 사람들을 자연스레 모이게 한다. 그래서 마드리드 밖에서 들어오고 나가는 소식을 접하고자 하는 사람들은 우체국으로 모였다. 당시 어느 한곳에 사람들이 모인다는 것은 세계의 고급 정보를 취하는 가장 빠른 방법이어서, 이곳은 소통 1번지였다고 할 수 있다. 현재는 시장의 집무실로 사용되고 있으며, 마드리드 시민과 소통하는 지방정치의 중심지이다. 스페인 마드리드를 중심으로 세계의 소식을 주고받는 곳이어서, 이곳에는 자연스럽게 스페인 도로의 원표, 즉 0km의 시작점이 있다. 그래서 솔 광장은 마드리드 여행의 출발점이라고 할 수 있다. 솔 광장의 인파 속에 섞여 사람들을 구경한다. 그들도 나를 구경한다. 광장에 모인 사람들은 서로에게 무관심하면서 구경꾼이 되고, 구경거리가 되어 준다.

광장은 시간의 흐름과 함께 도시를 대표하는 장소가 된다. 광장에서는 다양한 사건이 발생하고, 사람들은 사건이 일어난 장소를 기억하며, 장소에 의미를 부여하고 축적한다. 광장에는 보통 상징물이 있고, 이는

고야, 1814, 마드리드, 1808년 5월 3일, 프라도 미술관

곧 랜드마크가 된다. 솔 광장도 예외는 아니다. 가장 마드리드다운 경관을 가진 솔 광장에는 관광객부터 세상에 소리를 전하려는 시위대에 이르기까지 수많은 사람들이 모인다. 광장에서 일어난 일은 개인 혹은 사회에 역사가 된다. 솔 광장은 개인이나 사회에 태양의 문이 되어 우리를 새롭고 낯선 곳으로 인도하는 통로가 될 것이다.

마드리드에는 도심 곳곳에 광장이 분포해 있다. 특히 마요르 광장 **Plaza Mayor**, 시벨레스 광장**Plaza de al Cibeles**, 독립 광장**Plaza de Independencia**, 카스티요 광장**Plaza Canovas del Castillo**, 콜론 광장 **Plaza de Colon** 등이 유명하다. 광장마다 동상, 오래된 건물, 상징물 등이 공통적으로 있다. 솔 광장에서 가까운 곳에 자리한 마요르 광장은 17세기 바로크 건물이 인상적이다. 광장은 여행자를 또 다른 광장으로 이끈다. 레티로 공원**Parque del Retiro**을 따라서 카스티요 광장, 시벨레스 광장과 독립 광장이 이어진다. 넓은 인도와 고목에 가까운 가로

수 길을 걷다 보면 회전교차로가 나온다. 보통 교차로가 있는 곳은 광장이다. 광장에는 그 가운데에 분수대가 있다. 시벨레스 광장은 도심의 야경이 화려하다. 마드리드 중앙우체국을 끼고 돌면 독립 광장으로 가는 길이 나온다. 독립 광장으로 가는 도로는 온통 파란색 조명으로 가득하다. 인도만이 아니라 차도 위에도 줄을 설치하여 조명 전구를 달아 두었다. 파란색 조명은 거리를 온통 새파랗게 물들이고 그것을 보는 여행객을 몽환적으로 만든다. 조명은 사람을 홀리고, 마음을 빼앗고도 남는다.

은은한 조명을 한 중앙우체국 건물의 상단에는 '난민 환영'**Refugees Welcome**이라는 현수막이 걸려 있다. 그런데 '난민 환영'이라는 글귀가 정치적 수사로 보이는 것은 어찌 된 영문일까? 유럽으로 오는 난민들은 대체로 독일이나 프랑스를 선호하고 스페인을 별로 좋아하지 않기 때문에 그들이 오지 않을 것을 예상하고 환영 현수막을 단 것은 아닌지 부질없는 생각을 해 본다. 더욱이 과거 스페인 정부가 자행한 사건들은 난민을 환영한다고 천명하는 스페인 정부의 진정성에 의문을 제기하게 한다. 스페인 내전 당시 빌바오 민족을 학살하고, 프랑코 정권 시에는 카탈루냐 민족을 학살했던 사건들이 머리에 떠오른다. 게다가 스페인이 자국 내의 소수민족이나 분리독립주의자에게 관대하지 못한 역사를 생각해 보면, 타국의 난민을 환영한다는 것은 정치적 수사일 가능성이 높아 보인다. 시벨레스 광장에서 동쪽으로 두 블록 정도 걸어가면 독립 광장이 나온다. 독립 광장은 프랑스로부터 독립을 기념하기 위해 지은 광장으로서 그곳에는 알칼라 문**Puerta de Alcala**이 있다. 문의 상단에는 'REGE CAROLO III ANNO MDCCXXVIII', 즉 '카를로스 3세

시벨레스 광장과 도로 경관(상), 중앙우체국(하)

왕 1728년'이라는 문구가 선명하게 적혀 있다. 이 광장이 독립 광장으로 변한 것은 1813년 나폴레옹 군대가 마드리드에서 패퇴한 후, 1814년 페르난도 7세의 왕정 복고를 기념하기 위함이었다. 알칼라 문은 중앙에 3개의 아치형 문과 양 끝에 사각형의 문을 가지고 있다. 문으로 접근하기 위해서는 회전교차로를 건너야 하는데, 앞에는 꽃 장식을 아름답게 해 두었다.

마드리드는 미술관의 도시이다. 마드리드의 20개가 넘는 미술관을 방문하는 것만으로도 충분히 아름다운 여행이 될 수 있다. 먼저 마드리드의 대표적인 미술관이자 스페인이 자랑하는 프라도 미술관Museo del Prado과 국립 레이나 소피아 예술 센터Museo Nacional Centre de Arte Reina Sofia를 찾았다. 프라도 미술관은 1785년 카를로스 3세 때 건축가 후안 빌라누에바Juan de Villanueva가 자연과학관으로 설계하였다가 나폴레옹 전쟁 후인 1819년에 미술관으로 문을 열었다. 미술관에는 스페인 화가의 작품이 주를 이루고 있지만 이탈리아, 프랑스 화가의 작품들도 있다. 프라도 미술관의 홈페이지를 보면 보쉬Bosch의 '쾌락의 정원', 그레코Greco의 '가슴에 손을 얹은 기사', 만테냐Mantegna의 '성모의 죽음', 라파엘Raphael의 '진주로 알려진 성가족', 티치아노Titian의 '카를로스 5세의 기마도', 틴토레토Tintoretto의 '제자의 발을 씻기는 예수', 뒤러Dürer의 '자화상', 벨라스케스Velázquez의 '궁중의 시녀들', 루벤스Rubens의 '삼미신', 그리고 고야Goya의 '카를로스 4세의 가족' 등과 같은 걸작들을 소장하고 있다고 자랑하고 있다. 프라도 미술관은 건물의 입구부터 예사롭지 않다. 스페인이 자랑하는 화가인 고야의 동상이 여행자를 맞이한다. 고야의 동상 아래에는 대리석에 그의 대표작 '옷을 벗은 마야'를 조각해 두었다. 미술관은 모양 그 자체만으로도 범상치 않다. 콜로세움을 연상케 하는 주랑이 열을 지어 있고, 아래층에는 하얀 동상이 세워져 있다. 전체적으로 건물 모양은 사각형으로, 신고전주의 양식을 띠고 있다. 프라도 미술관 앞에는 벨라스케스가 붓과 팔레트를 들고서 앉아 있는 동상이 있다. 스페인을 대표하는 고야와 벨라스케스는 모두 세비야 출신의 화가라는 공통점이 있다.

미술 작품은 시대의 상황과 작가의 철학을 상징적으로 표현한다. 미술관에서는 작품을 보는 사람이 작가가 표현한 상징을 풀어 보고 상상해 보는 재미가 있다. 사실 미술관의 모든 작품에 관심을 갖기는 어렵다. 나는 미술시간에 교과서에서 본 유명한 작품을 중심으로 그림을 감상한다. 프라도 미술관에서도 예외는 아니다. 여기서 가장 유명한 화가는 고야이다. 미술관에서 유명한 작품을 찾는 방법 중 하나는 사람들이 몰려 있는 작품에 주목하는 것이다. 고야의 대표적인 작품으로는 '옷을 입은 마야', '옷을 벗은 마야', '마드리드, 1808년 5월 2일', '마드리드, 1808년 5월 3일' 등이 있다. 그중에서도 마야 누드화가 가장 유명하다. 미술시간에 교과서에서 보았던, 그리고 거의 모든 화보집에 실려 있는 마야 그림을 프라도 미술관에서 실물로 보는 것만으로도 마드리드 여행은 성공했다고 할 수 있다. 고야는 나폴레옹 전쟁에서 인간에 대한 인간의 무례와 살상을 목격하고, 이를 작품 '마드리드, 1808년 5월 2일'과 '마드리드, 1808년 5월 3일'로 기록하고 표현한 것으로 유명하다. 그는 전쟁에서 양민이 학살되는 혼돈의 세상을 고발하고 있다. 가해자는 총을 겨누고, 피해자는 손을 들고 있는 모습은 청년기에 독재의 시대를 산 여행자에게 남다르게 와닿았다. 그림을 보면서, 고야가 겪은 1808년 5월과 우리나라 현대사의 1980년 5월이 오버랩된다. 5월은 새로운 생명의 향연이 펼쳐지는 시기이다. 생명을 꽃피우는 신록의 계절 5월에 스페인과 한국에서 수많은 사람들이 죽임을 당하였다. 가혹한 죽임을 당하면서도 스페인 국민은 국민의 이름으로 프랑스 압제에 항거하였고, 우리나라 국민은 시민의 이름으로 전두환 독재 정권의 폭압에 저항하였다. 죽음으로 침략과 독재에 맞서서 위대한 승리를 이끈 스페인 국민과 우리나라 광주 시민들에게 경의를 표한다. 한편 정치권력의 도구가 되어 자신들이 무슨 죄를 짓는지도 모르고 죄를 짓는 어리석음이 예나 지금이나 한결같다. 악이 평범한 일상처럼 우리 삶의 언저리에 똬리를 틀고 있는 것을 생각하면 가슴이 아프다. 권력자가 명하는 구조적인 악으로부터 스스로 자신을 돌아보고 자신의 행동 속에 숨어 있는 어리석음을 경계하는 것이 얼마나 소중하고 어려운 일인지를 생각해 본다.

프라도 미술관은 퇴근시간 이후에는 입장료가 무료라는 점이 특이하다. 25세 이하의 학생들과 평일 6시 이후, 주말 5시 이후 입장객에게는 입장료가 무료이다. 특히 여행자들은 이런 입장료 정책을 잘 활용하는 것이 여행의 지혜이다. 여기서 무료 관람 정책은 예술의 공유라는 점에서 시사하는 바가 크다. 시민들은 퇴근시간에 프라도 미술관을 방문하여 예술을 즐기고 문화적 소양을 증진하는 기회를 가질 수 있다. 늦은 오후나 저녁시간에 도심의 공원을 걸으면서 잠시 미술 작품을 감상한다면 일과 여가를 균형 있게 즐기며 작지만 확실한 행복을 누릴 수 있을 것이다. 특히 미래의 예술 소비자이자 생산자가 될 학생들의 입장료를 무료로 한 정책에 큰 박수를 보낸다. 마드리드의 미술관마다 입장료 무료 정책을 펼치고 있으니 여행자는 이를 잘 활용하면 좋다. 그리고 짧은 시간 동안 미술관의 작품을 감상하기 위해서는 입구 안내소의 홍보물에 표시된 주요 작품을 중심으로 동선을 결정하여 관람할 필요가 있다.

국립 레이나 소피아 예술 센터

다음으로 국립 레이나 소피아 예술 센터를 찾았다. 이 미술관은 아토차 역에서 매우 가깝고, 프라도 미술관에서도 걸어서 10분 정도 거리에 위치해 있다. 그런데 이름부터 범상치 않다. 레이나Reina는 왕비라는 뜻이고, 소피아Sofia는 현재 스페인 왕인 후안 카를로스 1세Juan Carlos I 부인의 이름이다. 미술관 이름을 보면서, 이것이 소피아 왕비를 위한 미술관인지, 소피아 왕비가 미술 애호가여서 이름을 붙인 것인지 의문이 들었다. 지금의 미술관은 1986년 레이나 미술 센터로 개관하였고, 1988년 국립미술관이 되었으며, 1992년 소피아 왕비의 이름을 따서 다시 설립되었다. 아마도 이 미술관은 스페인의 국가 자존심을 세우려 한 의도가 있어 보인다. 즉 스페인이 낳은 세계적인 화가로 피카소, 달리, 미로 등이 있는데, 이들을 기리기 위한 현대미술관 하나 정도는 있어야 하지 않겠냐는 생각에서 개관한 미술관으로 보인다. 피카소의 작품 '게르니카'를 뉴욕 현대미술관MoMA에서 이곳으로 옮겨 온 것을 보아도 그렇게 추측할 수 있다. 그래서 그런지 이 미술관은 현대미술의 흐름을 보여 주기에 적합한 미술관으로 보인다.

국립 레이나 소피아 예술 센터는 원래 병원 건물의 구조인 사각형의 회랑과 높은 복도와 천장을 살려서 전시관을 구성하였다. 미술관으로 들어가는 광장에는 거대 구조물이 있고, 건물 밖으로는 투명 엘리베이터를 추가로 설치하였다. 세월의 무게를 담은 건물에 투명 유리로 만든 현대식 엘리베이터가 서로 어색한 듯 잘 어울려 보인다. 두 대의 엘리베이터 탑에는 소피아SOFIA라는 글자가 적혀 있다. 건물의 가운데

국립 레이나 소피아 예술 센터의 모습(상)과 중정(하)

는 햇볕을 받아 사각의 회랑에 자연 조명을 할 수 있도록 되어 있고, 아픈 환자들이 소생의 희망을 잃지 않도록 녹음 가득한 정원을 만들어 두었다.

미술관 입장료 10유로를 지불하고 주 전시장인 2층부터 관람하기로 한다. 미술관의 최고 인기 작품은 피카소의 '게르니카'이다. '게르니카' 앞은 사람들로 만원을 이루고 있으며, 미술 체험학습을 나온 학생들로 큰 전시관이 비좁을 정도이다. 나는 멀리서 온 여행자임을 스스로 선언하고 사람들 틈바구니를 비집고 작품 앞으로 한 발씩 접근한다. 회색 톤의 게르니카는 먼저 작품의 크기로 나를 압도한다. 피카소라는 이름 자체만으로도 대가의 숨결을 느낄 수 있지만, 엄청나게 큰 대작이 주는 위용도 대단하다. 그리고 '게르니카'라는 작품이 만들어지기까지의 과정에 감탄하지 않을 수 없다. 피카소라는 화가가 영감을 통하여 작품을 구상하였지만, 그 작품을 완성하기 위하여 수십 번의 스케치 과정을 거쳤음을 새삼 알게 해 준다. 천재 화가 피카소도 작품을 완성하기 위해 스케치를 하고 또 수정하기를 반복하였다. 부단한 자기 변신과 노력을 통하여 '게르니카'라는 역사적 대작이 세상에 나온 것이다. 바르셀로나의 피카소 미술관에서는 '게르니카'의 초기 작품 구상부터 현재의 그림까지 어떻게 달라졌는지 변모 과정을 확인할 수 있다.

스페인 내전 당시 독일의 나치 정권은 왕당파인 프랑코를 돕기 위하여 그 반대편 공화파에 속한 바스크의 게르니카를 무차별적으로 공습하였다. 더욱이 나치 정권은 게르니카를 공습하면서 독일 무기의 성능 시험도 겸하였다. 공화파에 속했던 피카소는 '게르니카'를 통하여 전투기로 양민을 학살한 독일 나치 정권의 비인간성, 그리고 독재로 국민을 폭압하는 프랑코 정권을 고발했다. 그 고발은 지금도 계속되고 있다. 그런 면에서 피카소는 나폴레옹에 대적한 마드리드 시민들의 처참한 처형 사건을 그린 고야의 '마드리드, 1808년 5월 2일'과 '마드리드, 1808년 5월 3일'의 영향을 받았다고 볼 수 있다. 훗날 피카소가 그린

'한국에서의 학살'이라는 작품과 고야의 작품 '마드리드, 1808년 5월 3일'이 너무도 닮아 있음이 이를 잘 보여 주고 있다. 그리고 피카소가 자신의 작품 '게르니카'와 고야의 작품이 함께 전시되길 바란 것으로도 고야가 피카소에 미친 영향 정도를 추측할 수 있다. 불행하게도 피카소는 스페인 내전 이후 프랑스로 망명하여 작품 활동을 하였다. 조국으로 돌아갈 수 없었던 화가의 삶이 애잔하게 느껴진다. 미술 작품은 단순한 회화가 아니라 그 이상의 메시지를 담고 있다. '게르니카' 앞에 선 수많은 감상자들이 무슨 생각을 할지 혼자 궁금해진다. 지금도 이 세계는 또 다른 게르니카로 넘쳐 나고 있다. 인권을 침해하고, 저임금 노동에 시달리고, 갑질이 성행하고, 부의 양극화는 더욱 심화되고, 재벌은 돈으로 세상을 지배하려 들고, 여성의 권리는 침해당하고, 성폭력이 일상화되고, 학력 차별이 만연하고, 금수저가 흙수저라 칭하며 차별하고 짓밟는 등 실존적 세계가 우리 시대의 게르니카이다.

국립 레이나 소피아 예술 센터의 백미는 입체주의Cubism 작품들이다. 입체주의는 1910년대에서 1930년대까지 프랑스에서 일어난 미술사조이다. 미술관에서 만나는 작가들을 통하여 입체주의 미술을 이해할 수도 있다. 작품에 대한 전시관의 설명을 보면, 후안 그리스Juan Gris의 작품에 대해 "모든 대상은 다양한 각도로 볼 수 있다."라고 되어 있으며, 마리아 블랑샤르Maria Blanchard의 작품에 대해서는 "영감은 감정sentiment의 문제가 아니다. 이는 전적으로 조형적plastic이다. 영감은 위치location와 톤tone이 결정하는 형태들의 조합을 창출한다."라고 되어 있다. 그리고 장 메칭제Jean Metzinger는 "2년 동안 연구 후에, 나는 너에게 말하는 새로운 관점perspective의 토대를 구축하는 데 성

피카소, 1937, 게르니카, 국립 레이나 소피아 예술 센터
ⓒWikimedia Commons_Laura Estefania Lopez

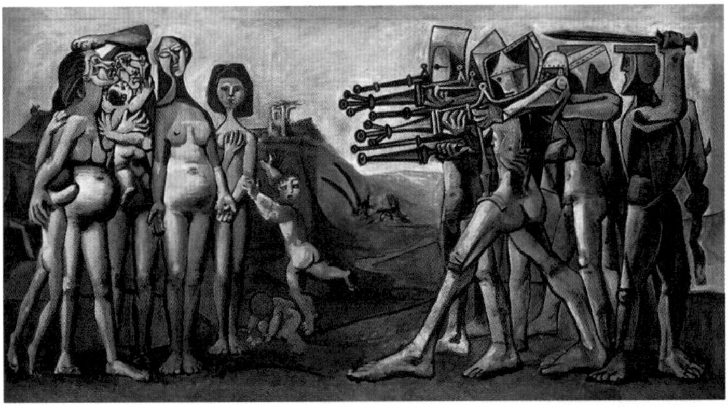

피카소, 1951, 한국에서의 학살, 피카소 미술관

공했다. 전쟁 이후 내가 얼마나 많이 그림 밖에서, 그리고 항상 그림을 위하여 작업을 해 왔는지 상상할 수도 없다. 4차원의 기하학은 더 이상 내게 비밀이 아니다. 전에는 오로지 직관을 가졌고, 지금 나는 확신을 가지고 있다. 나는 배치의 법칙, 그 반대에 관한 이론 전반**line of theories**을 알고 있다."라고 힘주어 말하였다.

여기서 몇 개의 개념이 눈에 들어온다. 각도, 관점, 형태, 영감이 그것이다. 입체주의는 눈에 보이는 것을 그대로 재현하는 그림을 거부한다.

그리스, 1918, 기타

입체주의 화가는 "사물의 특징적 형태가 가장 잘 드러나는 각도에서 그린다."(곰브리치, 574). 그리고 보는 이의 각도에 따라서 사물을 보는 관점이 달라지고, 다시 그 형태가 다르게 보일 수 있음을 강조한다. 입체주의 화가는 이런 사고에서 영감을 얻으려 하였다. 그들은 사물의 각도에 따른 형태들의 조합을 이루어 가면서 작품을 표현하였다. 한 작품에서 대상의 다양한 관점이나 각도를 동시에 존재시켜 표현하기도 하였다. 입체주의 화가들은 사람들에게 익숙한 대상인 정물을 많이 그렸다.

국립 레이나 소피아 예술 센터에서 만난 입체주의 화가들도 정물화를 많이 그렸다. 그런데 여기서 만나는 화가마다 정물화를 그리는 방식이 다르다. 즉 화가마다 일상에서 접하는 정물, 즉 대상을 보는 관점이 다르게 나타난다. 사물을 다양한 각도에서 바라보면서도 사물의 원형을 찾아서 표현하고 있다. 달리, 그리스, 피카소 등 입체주의 화가들의 정물화가 이를 잘 보여 주고 있다. 정물화는 늘 보고 경험하는 일상의 대상을 그 형태와 내용이 전에 없었던 것처럼 새롭게 보는 창의적 관점을 요한다. 여기에는 작가의 직관과 상상력, 그리고 많은 연습을 필요로 한다. 직관과 상상력은 작가가 모든 삶을 낯설게 바라보는 출발 행위이다. 피카소가 게르니카의 밑그림을 여러 차례 수정하며 완성했듯이, 작가의 직관과 상상력은 정교한 훈련과 지속적인 반복과 날카로운 사색으로 세련되어 간다. 미술관에서 본 살바도르 달리의 정물화에는 우리의 일상이 있다. 그는 화장실, 거울, 문 등과 같이 일상의 삶을 살아가는 데 있어서 늘 같은 자리에 있는 평범한 것들을 대상으로 표현하였다. 항상 그 자리에 있어서 소중함을 알지 못했던 것들을 새로운 관점으로 재해석한 것이다. 또한 입체주의 화가들은 일상에서 만나는 대상들을 기하학의 관점으로 보려고 시도했다. 그들은 점, 선과 면, 그리고 각도를 이용하여 일상의 사물을 바라보았다.

마드리드 국립 레이나 소피아 예술 센터에 전시된 입체주의 화가들의 작품은 관점perspective에 대해서 생각해 볼 기회를 준다. 정물화 속의 사물은 보는 사람의 눈으로 마음대로 볼 수 있지만, 사람들의 삶과 문화와 마음은 보는 사람 마음대로 보면 제대로 볼 수 없다. 정물화 속의 정물과 나의 관계는 일방적이지만, 사람과 사람이 함께 사는 삶은 일방적일 수 없다. 그것은 사람마다 서로 다른 관점과 사고를 지니고 살아가기 때문이다. 여행에서 만나는 삶과 문화는 각양각색이다. 문화 상대주의라는 관점을 받아들이지 않으면 타자와 타 문화를 제대로 볼 수 없다. 입체주의 화가들이 사물을 다양한 관점으로 보려 했듯이 여행을 통해서 만나는 문화와 삶을 나 아닌 다른 관점으로 보면 더욱 풍부한 경험과 이해를 얻을 수 있을 것이다. 삶터를 떠나 여행에서 만나는 것들은 평범한 것조차도 평범하지 않게 다가온다. 얼마나 평범하지 않은지 아는 것은 그것이 만들어진, 숨겨진 의도를 알아보는 것이다. 세상에 존재하는 모든 것은 그것을 만든 자의 생각과 의도를 반영하고 있다. 거기에는 시간적으로 동시대를 사는 사람들의 생각도, 그리고 공간적으로 한 장소에서 살아온 사람들의 역사도 담겨 있다. 그래서 평범한 것조차도 평범하지 않으며 나름의 독자적 개성을 가지고 있다. 그것을 알아보는 즐거움이 바로 여행의 고수들이 남다르게 여행을 즐기는 비법이다. 스페인 마드리드에는 눈으로 보고, 그 이면의 의도를 이해하고, 이를 자기화하여 자신만의 사고로 재해석할 만한 대상들이 참으로 많다.

'마드리드' 하면 레알 마드리드**Real Madrid** 프로축구팀이 떠오른다. '레알'은 스페인 내전에서 프랑코가 이끌던 왕당파를 연상시킨다. 하지만 나는 공화파가 좋다. 당시의 공화파는 왕정 반대, 독재 아닌 민주주의, 전쟁 아닌 평화, 인간의 존엄성, 인권 존중, 소수민족 보호 등을 상징한다. 왕당파보다는 공화파가 인류가 추구하는 정신에 더 가깝다고 볼 수 있다. 그래서 당시의 젊은 지성은 스페인 내전을 단순한 전쟁으로 보지 않았다. 마드리드는 인류가 지켜야 하고 추구해야 할 가치의 성전(聖戰)을 치른 장소이다. 헤밍웨이는 인류를 대신하여 이 스페인 내전에 대해 "누구를 위하여 종은 울리나?"라고 물었다. 그리고 "나는 믿음을 위해 1년 동안 싸워 왔다. 우리가 여기서 이기면 언제까지나 이길 수 있을 것이다. 이 세상은 훌륭한 것이며, 그것을 위해 싸울 만한 가치를 가지고 있다."라고 스스로 답하고 있다. 오늘 마드리드에서 우리가 싸울 만한 가치를 다시 생각해 본다.

Chapter 11

카탈루냐의 독립을 원하는 도시,
바르셀로나 Barcelona

바르셀로나Barcelona다. 가 보고 싶었던 도시다. 스페인이지만 스페인이 아닌 그곳에 가 보고 싶었다. 이베리아반도의 북동부 지방을 차지하고 누대에 걸쳐 살아온 카탈루냐의 중심 도시를 향해 간다. 바르셀로나는 지중해를 품고 있고, 가우디를 소유하고 있는 도시이다. 바르셀로나의 하늘을 본다. 하늘은 붉은 기운으로 가득하다. 불타는, 그래서 황홀한 석양이다. 하늘에서 펼쳐지는 붉은 노을이 춤을 춘다. 저녁노을은 바라보는 사람의 주어진 상황에 따라서 다르게 느껴진다. 레비스트로스도 바르셀로나의 석양을 보았다. 그리고 그는 사람들이 떠오르는 태양보다 지는 석양에 더 많은 관심을 기울이는 이유를 이렇게 말했다.

> 일몰은 그 신비스러운 모습 속에 바람·추위 그리고 더위나 비의 전변(轉變) -그 속에서 인간의 육체적 존재가 뒤흔들리는- 을 키우고 결합시키는 것이다. 이 솜털 같은 성좌(星座) 속에서는 양심의 유희도 읽어지는 것이다. 하늘이 석양빛으로 밝아지기 시작할 때면 농부는 밭 갈기를 멈추고, 어부는 배를 붙잡아 매며, 미개인은 빛이 사그라져 가는 불가에 앉아 눈을 깜박이는 것이다. (레비스트로스, 179)

석양은 쉼을 준다. 하던 일을 멈추고 가족과 저녁이 있는 삶을 가질 기회를 준다. 열심히 일한 자에게 쉴 권리를 부여한다. 우리 사회에서도 저녁이 있는 삶의 중요성이 선거의 화두가 된 때가 있었다. 여전히 세상은 쉴 수 있는 자와 쉴 수 없는 자로 나뉘는 슬픔이 있다. 그래도 석양의 일몰은 내일의 해를 밀어 올린다. 밤이 내리고, 여행자는 다시 아침의 해와 함께 세상을 즐길 준비를 한다.

바르셀로나의 석양

바르셀로나에서 가 볼 만한 곳을 찾기란 참으로 쉽다. 너무도 유명한 곳이 많아서 고민의 여지가 없다. 바르셀로나에서는 건축가 가우디의 흔적을 찾아 방문하는 것이 제일 먼저 할 일이다. 먼저 사그라다 파밀리아**Basílica de la Sagrada Família**, 즉 성가족(聖家族) 성당을 찾기로 한다. 성당 주위는 사람들로 가득하다. 사람들이 줄을 서서 들어갈 차례를 기다린다. 가우디의 성당은 밖에서 보는 방법과 안에서 보는 방법, 두 가지가 있다. 밖에서 보는 성당은 가우디 건축의 이국적 독특함을 보여 준다. 전 세계에서 온 사람들이 건축 중인 사그라다 파밀리아 성당의 외관을 사진에 담기 위하여 사진 찍기 좋은 자리로 몰려든다. 가우디가 성당으로 불러들인 사람들을 구경하는 것만으로도 충분히 만족스럽다. 건축물의 파사드에는 예수님의 가족을 상징화해서 촘촘히 아로새겨 놓았다. 예수님의 가족을 통하여 세상에 사랑과 소망을 전하고 싶었을 것이다. 안에서 보는 성당은 고딕 양식을 연상케 하는 높

사그라다 파밀리아 성당

은 층고(層高), 그리고 야자수가 이채롭다. 입장을 위하여 인터넷으로 티켓을 예매해야 하는 번거로움이 있지만 안에 들어가서 보는 것이야 말로 가우디 건축의 묘미를 즐기는 방법이다.

바르셀로나에는 가우디를 기억하는 건축물이 많다. 구엘 공원Park Guell, 카사 밀라Casa Mila, 카사 바트요Casa Batllo, 구엘 저택Palacio Guell 등이 그것이다. 가우디의 건축물을 중심으로 바르셀로나를 여행하는 것만으로도 바쁜 일정이다. 가우디를 빼고 바르셀로나 여행을 말할 수 없을 정도이다. 가우디 건축 경관의 특색은 부드러운 곡선이다. 대표적인 건물이 카사 바트요이다. 카사 바트요는 '바트요의 집'이라는 뜻이다. 카사 바트요의 건축 외관을 한발 떨어져서 바라본다. 이색적인 창호, 선글라스를 닮은 유리창, 마녀가 금방이라도 나올 기세의 발코니 등이 인상 깊게 다가온다. 살바도르 달리의 늘어진 시계처럼 카사 바트요는 곡선의 문양을 자랑한다. 지중해를 테마로 해서 지은 건물이라지만 그것은 가우디의 생각일 뿐이다. 여행자로서 나는 내 방식대로 그것을 바라볼 뿐이다. 지중해의 파도로 보고 싶지만, 내게는 무서운 외계인의 커다란 눈동자처럼 보인다. 지중해의 파도를 연상시키는 또 다른 건물로는 카사 밀라가 있다. 층과 층을 구분하는 그 경계가 부드러운 곡선으로 표현되어 있다. 아마도 석회석의 부드러운 암석이 갖는 특성을 잘 살려서 지은 것으로 보인다. 카사 바트요 건물 앞에 놓인 벤치에 앉아서 오가는 사람들과 함께 가우디의 건물을 바라보면 더욱 좋다.

가우디 건물의 또 다른 성소는 구엘 공원이다. 그의 친구인 구엘의 땅에 가우디가 만든 공원이다. 바르셀로나의 높은 언덕에 놓인 구엘 공원은 그 자체만으로도 이국적인 곳이다. 지하철역에서 나와 언덕 위로

카사 밀라(상), 카사 바트요(하)

구엘 저택의 정문

구엘 저택 정문 기둥의 문양

계단을 걷고, 다시 에스컬레이터를 타고서 높디 높은 언덕 위로 올라가야 한다. 지중해성 기후의 건조한 날씨는 구엘 공원에 오르는 사람들을 힘들게 한다. 버스를 타고 구엘 공원 정문으로 들어가는 방법도 있지만, 구엘 공원의 후문으로 들어가는 길이 더욱 스페인답다. 올리브나무와 붉은 흙으로 만들어진 언덕길을 걸어 올라간다. 어느 나라에서 왔는지 모를 사람들이 가판을 펴고 기념품을 판다. 구엘 공원의 가장 높은 언덕은 이미

구엘 공원의 자연을 닮은 경관

사람들로 만원이다. 좁은 틈 사이를 비집고 서서 사진 몇 장을 찍는다. 멀리 보이는 바르셀로나 시내 전경과 그 너머로 보이는 지중해가 푸르다. 작열하는 태양으로 바다는 더욱 짙푸르다. 구엘 공원의 언덕 아래로 내려가면 가우디다운 곡선, 암석, 돌담과 돌기둥 등이 장식된 전시

물들을 볼 수 있다. 구엘 공원의 특징은 화려한 색채의 도자기로 만든 모자이크 장식이다. 각종 문양을 도자기를 이용하여 자연스럽게 표현하고 있다. 가우디에게서 이국의 멋을 가장 많이 느끼게 해 주는 건축 표현으로 보인다. 정문의 구엘 공원 표식에서부터 담장을 따라서 펼쳐지는 돌담과 상단의 모자이크 장식이 시선을 붙잡는다. 공원 안의 모래바람이 관람을 힘들게도 하지만 사람들은 가우디의 흔적을 보는 것만으로도 매우 만족한 모습이다. 가우디가 사그라다 파밀리아 성당을 근엄하게 표현했다면, 구엘 공원은 익살스럽다고 할 수 있다. 악어의 계단, 동화 같은 건물 등이 대표적인 사례이다. 구엘 공원을 둘러보면 가우디가 자연 친화적인 건축가임을 알 수 있다. 종려나무 가지와 잎, 자연석, 자연색 등을 구상과 비구상으로 표현하여 건물을 장식해 놓았다.

가우디와 함께하는 바르셀로나 여행은 여행자를 상상의 세계로 인도한다. 그가 상상력을 동원하여 창의적으로 건축한 건물들은 도시의 랜드마크가 되었다. 한 사람의 창작력으로 도시의 상징물이 만들어진 것이다. 가우디는 생을 바쳐서 사그라다 파밀리아 성당을 건축하였다. 기록에 의하면, 그는 남루한 옷차림으로 사망하였고, 다 짓지 못한 성당에서 영면에 들었다. 그런데 그는 여전히 바르셀로나에 살아서 건축물을 통하여 세상과 이야기하고 있다. 그가 추구했던 건축과 삶이 세상에 말을 걸고 있다. 또한 그는 누가 뭐라 해도 카탈루냐인이었다. 카탈루냐의 자연을 담아서 건축을 표현함으로써 스페인에 저항하였고, 카탈루냐의 르네상스를 위하여 노력하였다. 가우디의 작품은 바르셀로나의 가로등, 인도 블록, 거리 장식물 등으로 재탄생하고 있다. 가우디는 카탈루냐의 지역 정체성을 창작을 통하여 장소 정체성으로 만들었고, 다시 카탈루냐의 정신을 글로벌화하였다. 그리고 그가 세상을 사랑한 정신은 오늘도 그의 건물을 통하여 세상을 구하고 있다.

바르셀로나는 운동의 도시이다. 올림픽이 열린 몬주익 센터가 있고, 누가 뭐라 해도 바르셀로나 프로축구팀**FC Barcelona**이 있다. 바르셀로나 올림픽을 기념하는 주 경기장과 상징물 등이 이곳을 찾는 사람들을 반겨 준다. 몬주익은 우리나라의 황영조 선수가 올림픽에서 마라톤 금메달을 딴 대회 장소이다. 몬주익의 언덕길을 먼저 오른 자가 소위 마라톤의 영웅이 되는데, 그 언덕에 가장 빨리 오른 선수가 황영조 선수였다. 그를 기념하기 위한 부조물이 몬주익 경기장 입구에 세워져 있다. 몬주익 언덕이 마라톤 선수에겐 힘든 노정이었을지라도, 여행자에게는 바르셀로나의 전경을 한눈에 담을 수 있는 최적의 장소이다. 멀리 지중해에서부터 아그바 타워, 사그라다 파밀리아 성당, 그리고 가까이는 바르셀로나 내항까지 한눈에 파노라마로 볼 수 있다. 바르셀로나를 한꺼번에 모두 볼 수 있을 정도의 파노라마 풍경을 가진 장소이다.

몬주익의 올림픽 상징 조형물

바르셀로나의 북부에는 바르셀로나 프로축구 경기장이 있다. 시간을 내어, 실은 길을 잘못 들어 우연히 바르셀로나 축구경기장을 방문하였다. 바르셀로나 팀은 스페인을 대표하는 프로축구팀이자 세계 제일의 축구팀이다. 마드리드의 레알 마드리드와 함께 세계 축구의 양대 축을 형성하고 있다. 포르투갈의 호나우두와 아르헨티나의 메시라는 선수로 더욱 볼거리를 주는 축구팀이기도 하다. 나는 레알 마드리드보다 바르셀로나 축구팀이 더 좋다. 그 이유는 바르셀로나 팀이 카탈루냐에 속해 있고, 팀이 협동조합으로 운영되기 때문이다. 현대 축구는 축구 이상의 경기이다. 특히 레알 마드리드와 FC 바르셀로나의 축구 경기는 스페인과 스페인에서 독립하고 싶은 카탈루냐의 대리전을 연상시킨다. 그 핵심에 선 선수가 FC 바르셀로나의 유소년팀 출신인 메시이다. 바르셀로나는 카탈루냐의 수도로서 스페인으로부터 독립을 염원하는 진원지이다. 바르셀로나 구장에서 메시의 유니폼을 사는 것만으로도 카탈루냐의 독립을 응원하는 듯한 기분이 들기도 한다. FC 바르셀로나

몬주익에서 바라본 바르셀로나 전경

는 협동조합으로 운영되고 있는데, 왕당파를 연상시키는 레알 마드리드와 달리, 150유로를 출자하면 모두 조합원이 될 수 있고, 각종 회의에 참석해서 의결권을 행사할 수도 있다. 그런데 구단 운영비의 급증으로 재정의 어려움을 겪으면서 협동조합 구단도 어쩔 수 없이 유니폼에 후원사 광고를 해야 하는 처지에 놓여 있다. 구단주는 유니폼에 상업광고를 하려고 중간에 유니세프 공익광고를 하기도 하였다. 아무튼 협동조합으로 운영되는 것만으로도 충분히 좋아할 이유를 가지고 있는 팀이다.

바르셀로나에서 인기가 높은 지역은 람브라스 거리**Las Ramblas**이다. 콜럼버스 동상이 있는 남쪽의 파우 광장에서부터 북쪽의 카탈루냐 광장에 이르기까지의 거리를 말한다. 거리 양쪽으로 고딕 지구와 옛 시가지를 끼고 있고, 거리 가운데는 사람들을 위한 인도로, 그리고 양 끝은 버스, 승용차 등을 위한 차도로 이용하고 있다. 인도의 양쪽에는 플라타너스 가로수가 고목이 되어 거리를 더욱 아름답게 만들고 있다. 인도가 차도보다 넓어서 사람들이 걷기에 아주 편리하다. 그리고 인도에는 모자이크 장식이 있다. 거리는 전 세계에서 몰려온 인파로 가득하고, 이들을 대상으로 한 노천식당, 꽃집, 기념품 가게, 노점상 등이 인도를 차지하고 있다. 그런데 이 거리는 사람들로 북적거려서 테러에 노출될 가능성이 매우 높기도 하다. 실제로 IS를 자처하는 어리석은 자들이 람브라스 거리의 시민들에게 테러를 가하기도 했다. 세간의 관심을 끌기 위하여 무고한 사람들에게 테러를 하는 행위는 어떤 명분으로도 인정받을 수 없다.

람브라스 거리는 걷는 것 자체가 여행의 목적이 될 수 있다. 주말에는 특히 사람들로 더욱 붐빈다. 거리의 양 끝에 위치한 광장으로 발길을 옮긴다. 파우 광장의 콜럼버스 동상은 사방 어느 곳에서나 쉽게 볼 수 있을 정도로 높은 타워에 위치해 있다. 이곳은 페르난도 왕과 이사벨 여왕이 첫 항해를 마치고 바르셀로나 항구로 돌아온 콜럼버스를 친히 맞이했던 장소이다. 큰 영웅이 된 콜럼버스는 바르셀로나와 세비야 등 대도시에서 동상으로 만날 수 있다. 그는 새로운 세계에 대한 도전으로 유럽의 역사를 바꾸었다. 그러나 이는 곧 인류의 재앙을 의미하기도 했다. 제국주의 정치와 식민 약탈의 경제가 혼합되어 아메리카, 아프리카, 오세아니아, 그리고 아시아 대륙을 식민지로 전락시키는 도화선의 역할을 수행한 것이다. 파우 광장에 우뚝 서 있는 콜럼버스는 지금 무슨 생각을 하고 있을까 상상해 본다. 한 손에 지도를 들고 동상 타워의 끝에 서 있는 그가 가리키는 손가락은 제국주의의 시작이라고 해도 과언이 아니다. 그리고 제국주의자들의 칼끝에 앉아서 기독교는 세

람브라스 거리의 모습

계로 나아갔다. 사람들이 콜럼버스 동상 앞에서 열심히 사진을 찍는다. 그 모습에 괜히 심술이 난다. 콜럼버스와 여행자인 나는 지금 스페인 제국의 지배로부터 벗어나고 싶어 하는 카탈루냐의 심장부 바르셀로나에 함께 서 있다. 콜럼버스가 카탈루냐라는 달걀을 어떻게 세울지 궁금하다.

람브라스 거리는 주변의 오래된 회색빛 건물들과는 달리 젊음으로 활기차다. 플라타너스 가로수처럼 싱그러운 도시 경관을 보여 준다. 여행자임을 알리는 복장, 활기차게 걷는 젊은이들, 음식점의 호객꾼들, 바르셀로나에 왔음을 증명하려고 인증 샷을 찍는 사람들, 스스로 동성애자임을 소리쳐 알리는 베란다의 사람들 등으로 가득하다. 타자의 시선을 갖고 관음증 환자처럼 그들 사이를 유유자적 걸으면서 세인들을 관찰한다.

람브라스 거리의 양쪽에 여행자를 유혹하는 두 개의 아이콘이 있다. 하나는 고딕 지구이고, 다른 하나는 보케리아La Boqueria 시장이다. 고딕 지구는 바르셀로나를 대표하는 구도심이다. 여기에는 오래된 건물, 건물과 건물 사이에 자리한 대성당과 주변 골목들, 골목에서 만나는 카페, 레스토랑 그리고 미술관 등이 있다. 건물의 돌담은 오래된 세월의 티를 거리낌 없이 드러내고 있다. 세월에 찌든 흔적, 풍화된 대리석 조각, 발걸음으로 반질반질해진 거리의 바닥 돌 등이 여행자를 맞이한다. 고딕 지구의 오래된 것들에 경의를 표한다. 그렇다고 건물이 고압적이지는 않다. 골목은 건물 사이로 파고든 태양을 가로막은 만큼 그림자를 머금고 있다. 태양이 머물기에도 비좁은 골목길 투어는 고딕 지구 여행의 매력이다. 골목은 똑같은 모양의 건물과 벽면으로 이어지

고딕 지구의 골목(상), 피카소 미술관 앞의 거리(중), 보케리아 시장의 내부 모습(하)

면서 골목 사람들의 삶을 보여 준다. 담배 한 모금에 시름을 잊고자 하는 사람, 기념품을 파는 사람, 오가는 사람 등으로 바쁘다. 하지만 일상의 삶을 영위하는 사람들은 많아 보이지 않는다. 금방이라도 쳐들어오는 적을 방어라도 하려는 양 문을 단단히 잠그고 창문은 가능한 한 작게 하여 집을 골목으로부터 분리하였다. 그리고 골목과 골목이 만나는 지점에 작은 광장이 존재한다. 바르셀로나 대성당 앞의 광장이 그렇다. 여름에는 대성당 광장에서 석양 즈음에 다양한 작은 공연을 한다.

고딕 지구에서 인기가 높은 곳은 단연 피카소 미술관이다. 피카소는 바르셀로나가 낳은 세계적인 화가이다. 고딕 지구의 상가 골목을 누비다 보면 우연히 피카소 미술관Museo Picasso을 만나는 행운도 누릴 수 있다. 미술관의 간판이 워낙 작아서 스쳐 지나갈 수도 있다. 미술관 골목은 좁은 도로와 높은 건물로 햇볕이 잘 들어오지 못하여 어둡기는 하지만 오가는 사람들로 가득하다. 이곳에는 피카소가 젊은 시절에 바르셀로나의 경관을 대상으로 그린 많은 작품들이 전시되어 있다. 입체주의 이전의 풍경화, 즉 피카소가 유명해지기 전의 작품들이 많다. 여기에 소장된 작품들은 화가가 유명해지기까지 얼마나 열심히 그려야 하는지를 잘 보여 준다. 여행자는 피카소의 명성 앞에 무릎을 꿇고서 작품들을 감상하기도 전 그의 명성에 기대어 위대한 그림이라고 미리 감탄할 준비를 한다. 작품을 그냥 작품으로 보기가 몹시 어렵다. 어쨌든 세계의 가 보고 싶은 유명한 미술관의 버킷리스트를 하나 지우면서 피카소와 그의 작품들을 머릿속에 챙겨 넣는다. 피카소 미술관 입구에는 미래의 피카소를 꿈꾸며 젊음의 패기로 열심히 그린 작품들이 가지런히 걸려 있다. 그림을 보니 분명 피카소의 후예임에 틀림없다.

람브라스 거리의 또 하나의 명물은 보케리아 시장이다. 람브라스 거리 중간쯤에 검은색으로 치장한 보케리아 시장은 1840년에 문을 연 바르셀로나 최대 시장이다. 이곳은 채소, 정육점, 생선, 과일, 식당, 소시지 등으로 가득하다. 아마도 가장 바르셀로나다운 삶의 현장을 볼 수 있는 곳이다. 시장 안은 시민과 여행자로 인산인해를 이루고 있다. 스페인의 자랑인 하몽이 가게 입구에 대롱대롱 매달려 있다. 지중해의 과일들이 구미를 당기고, 유명세를 한 몸에 받는 식당은 장사진을 이루고 있다. 시장에서 밥 먹고 물건 사고 기념품도 챙기는 재미가 좋다. 시장을 잠깐 빠져나와 람브라스 거리로 가면 시장보다 이른, 1820년에 건축한 건물에 자리 잡은 에스크리바Escriba라는 이름의 디저트 가게가 있다. 빵, 커피, 그리고 디저트를 판다. 좁은 의자와 작은 탁자를 몇 개 놓은 가게에 세계인들이 몰려든다. 여기서 보케리아 시장에서 먹은 음식값보다 비싼 디저트값을 기꺼이 치른다. 가게에서 제일 인기가 있는 디저트는 새빨간 입술 모양의 케이크이다. 빨간 입술의 매혹이 걷느라 지친 여행자에게 포도당을 흠뻑 공급해 준다.

람브라스 거리에 서 있으면 마치 카탈루냐의 독립군처럼 느껴진다. 거리에서 보이는 건물의 창가에는 카탈루냐 깃발이나 스페인 국기가 걸려 있다. 스페인으로 남기를 바라는 자와 스페인으로부터 독립을 원

에스크리바 디저트 가게의 상품

버스에서 본 카탈루냐 광장과 프란세스크 마시아 기념비

하는 자임을 스스로 세상에 밝히고 있는 것이다. 람브라스 거리를 오가는 사람들이 어떤 정치적 노선을 걷고 있는지 알 수 없지만, 나는 카탈루냐의 독립을 지지한다. 식민의 아픔을 간직한 후손의 콤플렉스로부터 나오는 생각일 수도 있다. 세상의 정치적 집단은 역사적 그리고 공간적 삶이 누적된 결과여서, 그것을 지키고 존중하려는 모든 몸부림을 지지한다. 프랑코 독재 시절에 카탈루냐의 자치권이 박탈되고, 자신들의 언어, 문화, 문자 등을 사용하지 못한 아픈 경험을 가진 카탈루냐의 독립을 지지한다. 스페인이면서 스페인이 아닌 카탈루냐의 독립을 지지한다. 카탈루냐 공화국으로서 독립국가를 되찾고자 노력하는 카탈루냐 사람들의 외침에 더 정당성이 있어 보인다. 거리에

프란세스크 마시아

카탈루냐 박물관에서 본 에스파냐 광장의 전경

는 카탈루냐의 자유를 외치는 문구가 있다. 자치정부로서의 위상을 인정받고 있으나 카탈루냐 사람들은 이 정도로는 만족스럽지 않다. 자치정부든 공화국이든지 간에, 이에 대한 결정권은 스페인 정부에 있는 것이 아니라 카탈루냐 주민들에게 있음을 다시금 확인한다. 지금도 카탈루냐는 새로운, 그러나 오래된 독립 투쟁을 하고 있다.

람브라스 거리 북쪽에는 카탈루냐 광장이 있다. 지하철역에서 나오면 광장의 비둘기가 호들갑을 떨면서 낯선 여행자를 맞이한다. 광장 한쪽에는 프란세스크 마시아Francesc Macia라고 적힌 기념비가 있다. 계단 모양의 기념비는 카탈루냐의 자치정부를 얻어 낸 좌파 공화주의자 프란세스크 마시아를 기리고 있다. 카탈루냐는 마시아의 기념비를 통하여 지속적으로 스페인으로부터의 독립 의지를 충전하고 있을지도 모른다. 이것은 카탈루냐의 독립운동이 현재진행형임을 보여 주고 있다.

카탈루냐 광장에는 마시아에 관심이 없어 보이는 사람들로 가득하다. 이 광장은 바르셀로나 여행의 출발 장소라고 해도 과언이 아니다. 남쪽으로는 람브라스 거리로, 북쪽으로는 다시 가르시아 거리로 이어지는 교차점이기 때문이다. 넓은 광장에는 분수대, 벤치, 그늘을 드리운 나무 등이 있다. 잠시 광장에서 쉬다가 다시 여행을 떠난다. 광장 주변은 백화점, 상가, 체인점 등 온통 쇼핑 장소이다. 다양한 상점은 소비자가 저마다 취향에 맞는 쇼핑을 즐길 수 있게 해 준다.

역설적으로, 카탈루냐의 독립을 바라는 바르셀로나에는 에스파냐 광장Placa d'Espanya이 있다. 광장의 규모가 압도적이다. 지하철역에서 나오면 커다란 회전교차로가 있고, 광장으로 들어가는 입구에는 붉은 벽돌로 세운 거대한 기둥이 2개 있다. 엄청난 야간 분수 쇼는 사람들의 시선을 사로잡는다. 밤을 수놓는 선홍색의 분수가 마치 프랑코 정권하에서 죽어 간 카탈루냐 사람들의 핏빛으로 보인다. 세계적인 분수 쇼를 통하여 카탈루냐의 정체성을 만천하에 드러내는 듯하다. 그리고 4개의 코린트 양식 돌기둥은 계단을 타고 오른 여행자를 내려다보면서 자신의 위용을 뽐내고 있다.

다시 언덕의 계단을 이용하거나 에스컬레이터를 타고 끝까지 오르면 카탈루냐 박물관Museu d'Art de Catalunya이 나온다. 스페인 광장은 '스페인'이라는 국호를 쓰고, 스페인 광장 맨 위에 자리한 카탈루냐 박물관은 '카탈루냐'의 정체성을 세상에 드러내고 있다. 스페인과 카탈루냐가 가지는 부조화가 어색해 보인다. 언덕 위의 박물관 홀에서 스페인 광장을 내려다보며 카탈루냐의 바르셀로나 시민들은 카탈루냐의 독립에 대해 어떤 생각을 할까 혼자 생각에 잠겨 본다. 이곳에서는 몬주익 언덕을 넘어 바다로까지 시선을 넓힐 수 있다. 바르셀로나 시민들은 바다를 바라보면서 과거 카탈루냐 민족의 기개를 떨치며 지중해를 누비던 해양 민족의 원형질을 그리워할지도 모른다. 카탈루냐는 이베리아 반도의 동북부 해안지방을 중심으로 대서양을 향해 나가고, 북아프리카로 향하던 배를 통제하며 강력한 국력을 펼치던 때를 기억하고 있다.

카탈루냐의 유전인자를 가진 가우디, 피카소 등도 온몸으로 그 기개를 기억하고 있다. 그들은 민족의 성지나 다름없는 몬세라트산과 학살의 아픔을 건축물과 그림으로 담아냈다. 스페인으로부터 독립하고자 하는 소망을 건축과 예술로 표현한 것이다. 그들은 카탈루냐 민족으로서 최소한의 자기 정체성을 드러내고 있다. 그들은 카탈루냐가 스페인 왕국에 속해 있을지라도, 가장 카탈루냐다운 건축과 예술 작품을 창조함으로써 카탈루냐의 독립운동을 펼쳤다. 가우디는 카탈루냐의 정신적 본향인 몬세라트산의 모양을 자신의 건축을 위한 원형질로 삼고서 사그라다 파밀리아에 성당을 설계하였다. 바르셀로나 중심지에 우뚝 솟아 있는 아그바 타워Agbar Tower 건물도 몬세라트산의 형상을 본떠 건축한 것이다.

카탈루냐의 성스러운 산, 몬세라트

시간 여유를 갖고 바르셀로나를 여행하는 사람이라면 바르셀로나에서 멀리 떨어지지 않은 몬세라트Montserrat산을 방문하는 것도 좋다. 바르셀로나 외곽으로 가는 에스파냐 광장 역에서 기차를 타고 카탈루냐의 산지 지형을 보러 가는 것이다. 창밖으로 보이는 산과 숲, 농경지와 촌락, 그리고 하천을 한눈에 볼 수 있는 장점이 있다. 느리지만 골짜기를 따라서 세상의 풍경을 보여 주니, 그것으로도 충분한 존재 이유를 가진 기차이다. 몬세라트산으로 가는 길은 푸니쿨라를 타고 오르는 방법과 케이블카를 이용하는 방법이 있다. 몬세라트행 기차 티켓을 구입할 때부터 두 방법을 고려해야 하고, 티켓마다 정차하는 역이 다르니 주의할 필요가 있다. 케이블카를 이용하여 몬세라트를 오르는 경우 한 정거장을 먼저 내려야 한다는 것도 기억해야 한다. 높이 솟은 바위산 사이로 철길이 나 있고, 기차는 계곡 아래 흐르는 강물을 벗하여 느리게 몬세라트산으로 향한다. 몬세라트에 가까이 가면서 촌락들도 나타난다. 옅은 주황색의 기와지붕이 부각되어 보인다. 산으로 접어들수록

몬세라트산의 경관

집들이 몇 채밖에 보이지 않는 것은 이곳이 깊은 산골임을 말해 준다.

멀리서 보이는 산들은 한눈에 보아도 퇴적 지형임을 알 수 있다. 산은 일정한 간격으로 퇴적층을 보여 주는 띠band를 이루고 있다. 흰색과 붉은 톤을 한 암석 퇴적층이 높은 산에서 속내를 보여 주고 있다. 급경사의 퇴적층은 크고 작은 둥근 돌과 모래 등으로 구성된 암석의 민낯을 보여 주고, 상대적인 완경사의 퇴적층에는 위에서 풍화되어 떨어진 쇄설물(瑣屑物)이 쌓여 있다. 척박한 퇴적암 층에 쌓인 토사는 식물이 자랄 수 있는 토양을 제공해 주고 있다. 그곳에는 키 작은 나무들이 작은 녹음을 형성하고 있다. 멀리서 바라보면 암석 띠와 녹음(綠陰) 띠가 번갈아 나타나 보인다.

몬세라트를 찾는 여행자는 기차를 타고 몬세라트 수도원에서 하차한다. 가파른 경사를 넘어서 도착한 몬세라트 기차역에서는 주변의 경관을 담은 사진을 전시하고 있다. 협궤열차인 기차에서 내리면 몬세라

몬세라트산의 역암 지형

트 수도원이 여행자를 맞아 준다. 거대한 암석으로 이루어진 산에 건설된 수도원은 그 자체로 경이롭다. 세상을 발아래에 두려고 건설한 수도원은 아니겠지만, 수도원 아래로 내려다보이는 풍경은 사람을 세속으로부터 해탈하게 만든다. 굳이 세상만사가 헛되고 헛되다고 말하지 않아도 된다. 수도원은 높은 산에 고립되어 있다. 세상의 일, 전란과 박해 등을 벗어나서 살 수 있는 고립무원의 자리이다. 세상과의 단절을 통한 자기수련, 신과의 소통을 위한 유한한 인간의 몸부림이 반영된 듯하다. 고립은 곧 자립을 의미한다. 인간 삶의 기초인 의식주에 있어서 자립경제를 지향한다. 그래서 스스로 밭을 일구고, 필요한 것을 최소화하고, 검소한 삶을 유지하며 오로지 신과의 소통만을 강화하고자 한다. 책을 읽고 묵상하고 농사를 짓는 등 최소한의 행위를 통하여 절제된 삶을 산다. 몬세라트 수도원이 그렇다. 깎아지른 절벽에 터를 잡아 수도원을 짓고 기도 공간을 만들어 놓았다. 몬세라트산은 세상과의 단절을 통하여 세상의 이치를 깨닫고, 속세를 떠남으로써 신을 사랑하듯 인간을 사랑하게 하는 곳으로서 최적의 공간이다.

몬세라트산은 크고 작은 돌멩이들이 박혀 있고 돌과 돌 사이에는 더 작은 모래가 틈을 메꾸고 있는 역암(礫巖)으로 이루어진 바위산이다. 둥근 돌과 모래는 하천에서 만들어진 돌이라는 증거이다. 과거 낮은 곳에서 쌓인 물질임을 아는 사람은 알 것이다. 역암의 단면은 다양한 색깔의 돌들로 구성되어 있다. 세월의 풍화를 이기지 못한 자갈들은 거대한 바위에서 빠져나와 중력의 방향으로 굴러서 아래 어느 지점엔가 쌓이고 있다. 이곳의 산봉우리는 우리나라의 마이산처럼 둥근 원추형을 하고 있다. 산의 모습은 카탈루냐 사람들에게 마음의 상징으로 자리 잡았다. 가우디는 사그라다 파밀리아 성당과 아그바 건물의 아이디어를 몬세라트산에서 얻었다고 한다. 과거 하천이 이동시켜 퇴적한 모래나 자갈 등이 퇴적암을 만들고, 낮은 곳이었던 이곳이 지각변동에 의해서 높은 곳으로 변화하였다. 지각변동이 심한 지질 시대에는 지형의 높고 낮음도 바꿔 놓았다. 몬세라트산의 트레킹 코스를 돌아보면, 둥근 산과 바위산을 볼 수 있다. 아무런 식생도 자라지 않아서 산은 더욱 신성함을 갖는다. 퇴적층으로 이루어진 산은 수직 절리가 발달하여 풍화를 일으키는 틈을 제공해 주고 있다. 바위의 틈은 더 큰 틈을 만든다. 틈의 깊이와 너비와 둥근 정도에 따라서 각양각색의 지형 경관이 만들어지고 있다. 사람들은 바위의 풍화로 인해 우연히 만들어진 모양, 즉 사람 얼굴, 코끼리 코, 십자가, 원반 모양, 성기 모양 등에 의미를 부여한다. 자연물에 이름을 붙이는 이런 행위는 동서양을 막론하고 어느 곳에서나 통하는 것 같다.

바르셀로나의 묘미는 지중해성 기후이다. 한여름 바르셀로나에서 작열하는 건기의 태양은 지중해를 펄펄 끓게 하고도 남는다. 짙푸른 바다, 밀려오는 파도, 태양을 머금은 백사장은 지중해의 열기를 담아낸다. 높은 온도로 몸에 땀이 배는 순간 불어오는 바람이 몸을 말려 준다. 그리고 여름의 바르셀로나 해수욕장은 사람으로 가득하다. 고딕 지구의 골목길을 지나다가 보이는 창가의 옷들이 피서 철에 바르셀로나에서 더위를 즐기려고 하는 사람들로 가득 차 있음을 보여 준다. 해변의 골목길에는 바닷모래가 날리고, 슬리퍼를 신은 채 윗옷을 벗고 걷는 사람들의 모습에서 바르셀로나의 여름을 느낄 수 있다. 지중해 해변을 따라서 길게 펼쳐진 해수욕장은 선탠을 즐기거나 파도를 타고 물놀이를 하며 노는 사람들로 가득하다. 하얀 파라솔로 작열하는 태양을 가리고 그늘을 만들어서 쉬는 사람들도 있다. 사람들이 세상에서 가장 편한 자세로 여름을 즐긴다. 해변의 가장자리에는 고층 건물들이 줄을 잇고, 해변에는 이곳의 아이콘인 물고기 동상이 있다. 청동으로 만든 물고기 동상은 태양을 반사하며 자신을 더욱 드러낸다. 아마도 그 빛은 바다로 가지 못한 물고기의 열망을 드러내는 듯하다. 이곳 여름의 해수욕장에는 스스로 바다의 왕자 혹은 인어공주가 된 사람들로 넘쳐 난다. 바르셀로나에서는 누구나 그럴 자유가 있다. 잠깐 착각을 해도 좋다. 왜냐하면 여행자이니까. 익명성이 보장되는 낯선 곳에서 내 맘대로 못 하면 무슨 재미로 여행을 하겠는가.

바르셀로나는 스페인 안의 또 다른 나라이다. 카탈루냐의 독립을 바라는 것은 여행자의 정치적 성향 때문만은 아닐 게다. 어느 민족이든, 어떤 개인이든 스스로 자유로울 권리가 있기 때문이다. 카탈루냐는 스

바르셀로나 해수욕장

페인 제국주의와 독재자 프랑코의 지배를 받은 지역이다. 그래서 독립할 권리를 갖고 있다. 그런데 카탈루냐의 심장인 바르셀로나는 조용하다. 카탈루냐는 자주독립을 원하는 사람들과 현재의 자치권을 유지하면서 안정을 바라는 사람들 간에 갈등을 빚고 있다. 아직은 정치적 독립을 열망하는 비장함이 낮아 보인다. 아마도 촛불혁명을 경험한 국민이어서 그런지 카탈루냐가 너무 조용해 보인다. 이방인인 탓에 이곳의 정치적 상황에 대한 체감지수가 낮아서 그럴 수도 있다. 여행자가 남의 나라에서 오지랖 넓게 참견이다. 그럼에도 불구하고 카탈루냐가 독립하면 좋겠다.

바르셀로나는 경관의 도시이다. 타국에서 볼 수 없는 가우디의 건축물들이 이국적이다. 그 독특함이 세계인들을 바르셀로나로 불러들이고 있다. 전통과 현대의 건축 경관이 조화를 이루며 도시를 지키고 있다. 그리고 이베리아반도 북동부의 지중해를 차지하고서 지중해다운 경관을 보여 주고 있다. 지중해의 자연을 담은 건축 경관은 인간의 무늬가 되어 세계인의 마음과 눈을 사로잡고 있다. 바르셀로나는 카탈루냐만의 독특한 경관과 내러티브를 가진 도시여서 콘텐츠가 풍성하다. 콘텐츠를 담은 경관을 하나씩 뜯어보고 전체적으로 조망하면서 도심 속을 걷는 재미가 좋다. 이사벨이 콜럼버스를 불러들여 세계의 향료, 귀금속 등을 탐내던 도시이다. 바르셀로나 항구 너머 북아프리카와 인도로 가서 향신료를 얻고자 수많은 항해자들을 떠나보낸 도시이다. 지중해, 역사 경관, 현대 건축, 예술, 그리고 바다를 가진 바르셀로나는 그 자체로 매력덩어리이다.

Chapter 12

정열 그 이상의 도시,

세비야 Sevilla

마드리드에서 세비야까지 가는 길

마드리드 아토차 역에서 고속열차를 타고 세비야Sevilla로 향한다. 마드리드를 떠나 맞이하는 농촌 풍광에서 이베리아반도의 속살을 볼 수 있다. 건조한 주황색 토양을 가진 목장에는 올리브나무가 드문드문, 때론 열을 지어 심어져 있다. 올리브 농장마다 작은 집이 있고, 농장의 한쪽 구석에는 작업장이 보인다. 기차를 타고 가는 길이니 멀리 보이는 건물의 용도를 미루어 짐작해 볼 뿐이다. 창밖의 농촌 풍경을 눈으로 즐기는 것만으로도 충분히 좋다. 올리브나무로 가득한 농장을 지나면 다시 오렌지 농장이 나타난다. 오렌지나무의 초록색 잎과 주황색 오렌지 열매가 대비를 이룬다. 농장을 지나면 다시 넓은 초지가 나타나고, 또 다른 오렌지 농장이 농지를 지키고 있다. 농장의 오렌지를 보면서 저 많은 과일을 어떻게 수확하나, 하는 부질없는 걱정을 한다.

농촌 지역을 지나면 기차는 도시로 접어든다. 기차는 어느 큰 도시의 플랫폼으로 미끄러지듯 들어간다. 이정표를 보고서 겨우 도시의 이름을 알아챘다. 잠시 졸기라도 하면 어느 도시의 플랫폼인지도 모르고 스쳐 지나가기 십상이다. 고속열차는 주로 대도시에만 머문다. 이베리아반도의 수도를 마드리드로 넘겨준 톨레도 지방을 지나간다. 잠시 문명의 이기인 스마트폰을 활용하여 기차의 현재 위치를 확인한다. 과거 영지를 두고 전쟁을 하던 도시의 역사를 뒤로한 채 기차는 무념(無念)으로 달린다. 기차가 한참을 달린 후 코르도바에 섰다. 수천 년의 역사를 지니고 있는 도시이지만 기차는 무감각하다. 하지만 기차에 탄 사람은 다르다. 여행자에겐 감상이 있다. 보이는 경관, 오가는 사람에게 시선을 주고, 속히 지나쳐 버린 것들을 순간적으로 감상한다. 기차는 정해진 철로를 따라 세상을 향해 돌진한다. 달리는 기차 안에서 창밖으로 보이는 것들은 모였다가 다시 흩어지는 점들로 보인다. 점으로 보이는 피사체들은 쉽게 기억되고 금방 잊힌다. 기차의 속도만큼이나 스치는 경관에 대한 기억도 짧다. 하지만 인상은 남는다. 기차 여행의 묘미가 여기에 있다. 인상의 기억은 때론 느낌으로도 불린다. 인상을 붙잡고 기차 밖에서 안으로 들어오는 풍경을 맞이한다.

마드리드의 아토차 역에서 출발한 고속기차는 2시간 넘게 달려서 세비야의 산타 후스타Sevilla Santa Justa 역에 도착하였다. 역 근처의 호텔에 여장을 풀고 세비야의 강렬한 석양을 바라보며 버스를 타고 시내로 향하였다. 세비야의 도심을 버스로 둘러보는 것으로 여행 일정을 시작한다. 세비야 여행의 시작은 세비야 대성당이다. 대성당 주변은 여행자들로 붐빈다. 세비야를 찾는 사람들은 어김없이 이곳을 방문한다. 세비야의 랜드마크인 대성당에서는 히랄다 탑La Giralda이 보이고, 대성당을 중심으로 방사상의 도로가 펼쳐진다. 키 작은 레몬 가로수가 이곳이 지중해의 남단임을 말해 준다. 세비야 대성당 주변 도로에는 배우 송혜교 커플이 탔다는 관광 마차들이 줄을 지어 손님을 기다리고 있다. 말을 타는 것은 낭만이 있어 좋아 보이지만, 말똥 냄새를 감내해야 하는 인내도 요구된다. 대성당 주변에는 트램이 다니고, 골목과 골목을 이어 주는 작은 통로가 끝없이 이어진다. 광장 주변이자 골목의 초입에는 레스토랑, 선술집, 카페, 기념품 가게들이 줄을 지어 늘어서 있다. 노천 카페에서 이베리아반도의 로컬 맥주, 에스프레소에 가까운 커피 등을 시켜 놓고 오가는 사람들을 물끄러미 바라보면서 여행으로 지친

세비야 대성당

몸을 다시 일으켜 본다.

세비야 대성당 광장에서는 오래된 것에 대한 경외감이 든다. 붉은 암석을 육각형으로 잘라서 만든 성벽, 성당의 벽면, 주변의 건물, 청화자기로 만든 거리명과 가게 이름 등에서 세비야의 특색 있는 역사를 본다. 이곳은 역사 자체가 세비야의 문화가 되어 여행자를 맞는다. 세비야의 오래된 것들이 대성당을 중심으로 방사형으로 자리하고 있다. 높은 히랄다 탑이 오래된 것들의 대장 노릇을 하며 서 있다. 그들은 역사

세비야 대성당의 히랄다 탑

의 소용돌이를 피해서 지금 나와 함께 서 있다. 세비야의 붉은 벽돌 건물들은 역사의 무게를 더 실감 나게 보여 준다. 지중해의 건조한 기후에 딱 어울리는 건물들이다. 세비야 대성당은 오래된 것의 표본을 보여 주는 건물로, 둥근 돔의 로마네스크 양식, 첨탑의 고딕 양식, 이슬람 제국의 아라베스크 양식 등이 혼합되어 있다. 그만큼 소용돌이 역사의 중심에 서 있던 산증인이라는 의미이다. 오래된 역사는 주변 광장과 인도 바닥의 돌도 말해 주고 있다. 오가는 사람들의 발에 흙이 묻지 않도록 바닥에 깔아 둔 돌들이 스스로 자신의 역사를 보여 주고 있다. 바닥 돌들의 표면은 세인들의 발걸음으로 닳고 닳아서 반질반질하다. 건물의 앞면이나 옆면에 적힌 숫자들은 건물의 설립 연도를 말해 준다. 그 숫자들을 보고 있노라면 단순히 아라비아숫자의 나열이 아님을 알 수 있다. 오래된 건물을 개보수하면서 초기의 벽면이나 현관 등을 그대로 살려 놓은 것을 보면 도시가 역사적 건물을 소중히 다루고 있음을 알 수 있다. 세비야의 건물들은 이슬람 무어 왕국에서부터 현재 스페인에 이르기까지 변화무쌍한 역사를 목도하고, 그것을 묵언(默言)으로 말해 주는 듯하다. 이렇듯 세비야 대성당 광장에서는 지나온 역사와 현재를 한꺼번에 만날 수 있다. 이것은 여행자만이 누릴 수 있는 특권이다.

세비야는 문화의 혼종성(混種性)hybridity을 지닌 도시이다. 다양한 문화가 결합하여 세비야만의 독특한 문화를 만들어 보여 주고 있다. 역사적으로는 지중해와 이베리아반도의 자연환경을 바탕으로 한 토착문화를 가지고 있으며, 과거 이슬람 무어 왕국의 유산들이 존재하고, 다시 기독교의 전래로 기독교 문화가 결합되어 있다. 그 대표적인 유물이 알카사르Alcazar와 히랄다 탑이다. 스페인어로 요새 또는 궁전을 의미하는 알카사르는 스페인 곳곳에서 볼 수 있다. 그중에서 가장 유명한 것이 세비야의 알카사르로서, 이는 스페인이 이슬람 국가인 무어 왕국의 침략을 막기 위하여 건축한 궁전이자 요새이다. 요새이기에, 감히 넘으려고 시도조차 할 수 없는 성벽을 지니고 있다. 세비야 대성당에서 보이는 알카사르의 높은 성벽은 담쟁이넝쿨 말고는 그 누구에게도 출입을 허용하지 않을 기세이다. 담쟁이넝쿨로 가득 찬 알카사르의 담벼락을 끼고 거리를 걷다 보면 절로 아름다움이 느껴진다. 알카사르

성벽 밖의 벤치, 나무, 꽃 등으로 이루어진 작은 공원들도 범상치 않다. 알카사르의 내부는 궁전이다. 궁전이기에 그곳은 아름다운 건물과 정원을 소유하고 있다. 그런데 스페인 땅에 있는 건물이지만 스페인답지 않다. 건축물은 한눈에 보아도 이슬람의 문화로 가득 차 있다. 알카사르는 스페인 문화와 이슬람 문화가 결합된 독특한 건축양식을 보여 준다. 이런 양식을 무데하르Mudejar 양식이라고 칭한다. 스페인은 무어 왕국을 세비아에서 물리쳤지만 이슬람인의 마음과 문화마저 내쫓지는 못하였다. 이슬람교도들은 기독교 왕국의 지배를 받으면서도 스페인 땅에서 자신들의 신앙과 문화를 간직하면서 피지배자로서 잔류하였다. 무데하르도 잔류자(殘留者)를 뜻하는 무다잔mudajjan에서 유래하였다. 이슬람 잔류자들은 알카사르 궁전을 건축하는 데 동원되었지만 아라베스크 문양을 활용하여 가장 이슬람다운 건축물을 만들어 냈다. 그들은 피지배자인 잔존자로서 스페인 땅에서 비루한 삶을 살아갈지라도 자신들이 가진 문화적 우월성과 자긍심을 궁전 등의 건축물에 섬섬옥수로 표현해 냈다. 여행자는 카잔차키스처럼 "평생을 환희에 빠져 이곳에 허리를 구부린 채 기하학적 정확성을 가지고 자신의 복잡하고 투명한 꿈을 장식했던 까무잡잡한 피부의 아랍 장인을 느끼고 있었다."(니코스 카잔차키스, 144). 그들은 알카사르에서 '대사의 방'Salon de Embajadores을 건축하며 가장 이슬람다운 건축의 아름다움을 표현하였다. 그 결과, 알카사르는 이슬람 문화와 스페인의 기독교 문화가 융합하여 만들어 낸 세비야의 새로운 창조물이 되었다.

히랄다 탑은 이슬람교도들이 12세기 말 약 14m의 넓이에, 약 70m 높이로 건설한 사각형의 탑(四角塔)이다. 탑의 기둥에는 이슬람 특유

알카사르의 높은 성벽과 거리 문양

의 아름다운 추상 문양이 장식되어 있다. 탑 위에는 기독교 문화인 종이 달려 있다. 시계가 보편화되기 이전에 예배시간을 알리기 위하여 높은 곳에 종을 달아 둔 것이다. 문화의 혼종성은 섞임이다. 문화와 문화, 역사와 역사, 지배와 피지배 등의 섞임이다. 섞이기 위해서는 시간을 두고서 혹은 동시대에 서로 다른 문화나 문화를 가진 지배 세력이 들어와야 한다. 역사와 문화가 교차되어야 한다. 이렇게 교차되기 위해서는 지배 문화이든 피지배 문화이든 한 장소로 들어와야 한다. 보통 새로운 지배자가 자신의 문화를 식민지에 이식하는 것이 일반적이다. 이러한 공식을 따르듯 무어 왕국이 이베리아반도 동부 해안에 자리 잡은 안달루시아 땅에 이슬람 문화를 들여놓았다. 북아프리카에서 지중해를 건너와 이곳을 지배함으로써 문화도 이식한 것이다. 그러나 1248년 스페인 기독교 세력인 페르난도 3세가 무어 왕국을 다시 지중해 너머 북아프리카로 밀어냄으로써 세비야는 기독교 문화의 중심지가 되었다. 자연스럽게 두 문화가 서로 결합하게 된 것이다. 그래서 세비야는 역사와 문화의 교차로이다.

세비야는 과거 530여 년 동안 이슬람 왕국의 지배를 받은 도시다. 세비야에 500년이 넘는 이슬람 왕국의 지배 흔적이 남아 있음은 너무도 당연하다. 이슬람의 지배 흔적은 역사 경관으로 남아 세비야 곳곳에 존재한다. 대표적인 예로 히랄다 탑, 알카사르 등에는 아라비아풍인 아라베스크 문양이 있다. 아라베스크 문양은 주로 식물의 잎과 줄기를 기하학적으로 묘사하여 전체의 조화를 추구하는 독특한 이슬람 문화이다. 이슬람 문양에는 반복의 아름다움이 있다. 일정한 간격, 방향, 리듬으로 원, 다각형, 정방형 등의 기하학적 문양을 반복적으로 만들어 이들의 아름다운 조화를 만들어 낸다. 니코스 카잔차키스는 세비야의 알카사르를 돌아보면서 "선은 앞으로 나아가면서 엉킨 것을 풀면서, 모든 식물과 모든 동물과 모든 사상의 정수를 뽑아낸 추상적인 그림이 된다. 또한 선은 덧없는 육신과 그 육신의 다양하고 유동적인 가면에서 해방되고 견고하고 기하학적인 삶의 정수가 된다. 이런 방식으로 위대한 수학자이며 신비주의자인 아랍인들은 현상의 뒤에 숨어 있는 본질적인 요소를 발견하고 구체화하는 데 성공했다."(니코스 카잔차키스, 144)라고 하였다. 그것은 곧 이슬람 사람들의 신앙으로 승화되었다. 추상화된 이슬람의 기하학적 문양은 이슬람 사람들을 신앙의 굴레로부터 벗어나 다시 신앙으로 귀의하게 만들어 주었다.

> 이슬람교는 신도들에게 살아 있는 생명체들을 그린 사람에게는 재앙이 있으리. 재앙 둘째 날에 그가 그렸던 얼굴들이 무덤에서 나와, 영혼을 달라면서 그에게 달려들리라. 그런 다음 자신의 창조물에게 영혼을 줄 수 없는 예술가는 영원한 불 속에 타 버릴 것이다. 아랍인들은 이런 엄한 금지령을 이겨 냈고, 자신들의 형상이 받아들여지길 간절히 바라면서 마음속으로 소리치고 있던 생명체들의 짐을 덜 수 있는 또 다른 방법을 찾아냈다. 바로 추상적이고 상징적인 표현으로 그들의 영혼을 해방시켰던 것이다. (니코스 카잔차키스, 146)

이사벨 왕은 그라나다에서 마지막으로 이슬람 국가인 서코트 왕국을 물리치고, 이를 기념하기 위하여 이슬람 사원이 있던 자리에 세비야 대성당을 건축하였다. 역사는 승자의 몫이어서 이슬람 사원은 파괴되고 히랄다 탑만 남았다. 역으로 말하면, 그만큼 히랄다 탑의 건축미가 뛰어났음을 의미한다. 탑에 새겨진 아라베스크의 네모, 마름모 등의 문양이 모여 조화를 부리고 있다. 선과 선을 잇는 직선은 약간의 곡선과 볼륨의 차이를 두고 벽돌 면에 양각되어 있다. 세비야 대성당과 히랄다 탑이 서로 부조화스럽게 양립하며 존재한다. 세비야 대성당은 구체적인 성화로 신앙을 표현하고, 히랄다 탑은 추상적인 기호로 신앙을 표현하고 있다. 히랄다 탑의 기호들은 세비야 성당의 성화보다 훨씬 초현실주의적이다. 신 자체가 인간의 세계를 넘어선 초현실적 존재이기에 신을 형상화하는 게 부담스러웠을 것이다. 구체적으로 신의 세계를 묘사하는 성화(聖畫)를 통하여 세인들에게 신앙의 본질을 보여 주려는 문화와 추상적 기호를 통하여 신과 인간의 세계를 본질적으로 이어 주려는 문화가 공존하고 있는 것이다.

세비야는 이베리아반도의 해안에서 내륙으로 들어와서 자리한 항구 도시이다. 그래서 해양 문화와 대륙 문화가 자연스럽게 교차한다. 과거 지중해를 건너온 무어 왕국이 이곳을 지배하였다면, 그 이후로는 대륙 세력이 이곳을 지배하고 있다. 세비야는 물자의 드나듦이 빈번한 항구이다. 북아프리카의 생산물과 이베리아반도의 생산물, 지중해 너머에서 들어오는 향신료, 담배 등의 무역 중심지로서 도시가 발전하였다. 세비야가 육상교통과 해상교통의 적환지(積換地)임을 이사벨 여왕이 모를 리 없었다. 그래서 세비야는 해양을 통하여 신대륙을 침략하는 전진기지가 되었다. 이탈리아 출신 탐험가인 콜럼버스가 세비야의 돈 냄새와 이사벨의 야욕을 절묘하게 파고들었다. 무역으로 벌어들인 돈을 이용하여 새로운 대륙을 찾아 바다를 항해하는 것만으로도 세비야는 항구로서의 기능을 다했다. 이사벨 여왕이 1492년 이베리아반도의 마지막 이슬람 왕국인 그라나다 왕국을 물리친 기념으로 세운 세비야 대성당에 콜럼버스가 묻히는 것은 너무도 당연한 일이었을 것이다. 그에게 있어서 콜럼버스는 스페인 제국주의의 욕망에 초석을 깔아 준 자이기 때문이다. 콜럼버스는 대륙 세력이 지중해 너머 대서양으로 세력을 떨치게끔, 즉 스페인이 아메리카로 대항해를 할 수 있게끔 해 주었다. 세비야를 중심으로 이베리아반도와 지중해, 북아프리카 지역에 머물던 지리적 범주를 아메리카와 대서양으로 확대시켜 준 것이다. 스페인은 문화라는 이름으로 포장된 폭력성을 아메리카 대륙에 이식하여 중남미에서 문화적 혼종성을 낳았다. 그 옛날 이슬람 왕국이 이베리아반도에서 만든 혼종의 문화를 이제 스페인이 아메리카 대륙으로 전파하여 또 다른 혼종의 문화를 만든 것이다.

세비야는 무역의 도시이다. 작은 대륙인 이베리아반도의 끝을 차지한 도시가 지중해로 나아갈 수 있게 만든 것은 세비야를 관통하는 과달키비르강**Rio Guadalquivir**이다. 풍부한 유수량을 가진 하천은 배를 띄우기에 적합하다. 지중해로부터 멀리 떨어지지 않은 곳에 위치한 장점도 가지고 있다. 이렇게 바다와 대륙을 한꺼번에 품기에 적합한 입지 조건을 갖고 있는 것이다. 이런 입지 조건을 가진 강변에 세비야의 역사가 숨 쉬고 있다. 내항으로서 좋은 입지 조건을 가진 세비야는 가까이는 지중해 해안 주변 지역, 바다 건너서는 북부 아프리카 지역, 더 멀리는 인도와 아시아, 그리고 대서양 너머의 아메리카 대륙까지 무역의 범위를 확장해 갔다. 1503년에는 카사 데 콘트라타시온**Casa de Contratación**, 즉 무역관이 세워졌다. 이 무역관은 아메리카 대륙의 식

과달키비르강의 경관

민지 건설과 무역을 관장하였으며, 노예무역까지도 시행하였다. 스페인 제국의 식민지 침략과 착취를 위한 기관이었다. 세비야는 콜럼버스 이후 해외무역 독점 항구가 되면서 엄청난 부를 축적하였다. 과달키비르강을 무대로 한 항구로 식민지에서 착취한 은이 스페인의 전성시대를 가져왔다. 그러나 그것이 스페인에 독이 되었다. 스페인이 항구, 배, 항해 등의 해상교통 수준에 머문 사이, 영국과 프랑스 등은 철도교통과 철강 산업을 일으켜 산업 사회로 혁신적 발전을 하였다. 세비야의 독점적 지위로 인한 부가 결국 스페인의 퇴보를 가져오는 역사의 아이러니를 세비야에서 목도하게 된다.

아메리카 대륙으로부터 들여온 가장 대표적인 문화 상품이 담배이다. 담배는 유럽인들의 기호 문화를 완전히 바꾸기에 충분하였다. 세비야는 아메리카의 문화인 담배를 산업화하여 돈벌이를 하였다. 스페인 왕국은 세비야에 왕립 담배공장을 세워서 담배의 생산과 유통을 장악하여 높은 수입을 창출하였다. 알카사르와 에스파냐 광장 사이에 위

산타크루스 골목

치한 담배공장의 규모를 보면, 가히 당시 담배 산업이 얼마나 번성했는지 가늠하고도 남는다. 현재 이 건물은 세비야 대학교로 사용되고 있다. 남미에서 온 문화 전파의 산물인 담배는 특히 상류층의 취향을 저격하였다. 당시에 담배, 특히 시가는 구별짓기를 위한 아이콘이 되기에 충분하였다. 하지만 세비야 담배공장은 노동력 착취의 본산이 되기도 했다. 특히 여성 노동력을 착취하였다. 당시에는 담배를 일일이 손으로 말아서 수작업을 했기에 투박한 손을 가진 남성보다는 섬세한 여성 노동력을 요구하였다. 그래서 집시 여인이나 저소득층 여성들이 장시간 담배 냄새 등 열악한 노동조건에서 일을 하였다.

세비야는 정열적인 감성의 도시이다. 세비야 담배공장의 정문을 지나면서 정열적인 슬픈 사랑의 주인공인 돈 호세가 떠오른다. 담배공장의 집시 여공인 카르멘은 자신에 대한 돈 호세의 지독한 사랑에 대해 "사랑은 길들지 않은 새, 아무리 애써도 길들지 않아. 아무리 불러도 소용없어. 한번 싫다면 그만이야…"라는 유명한 대사를 남기며 또 다른 사랑을 찾아 떠났다. 그래도 돈 호세와 카르멘이 정열적인 사랑을 나눈 장소는 지금도 남아서 사람들의 심금을 울리고 있다. 세비야의 산타크루스 골목Barrio de Santa Cruz에는 그들의 비극적인 사랑이 남아 있다. 빛바랜 분홍빛의 담벼락, 사람의 키를 훌쩍 넘는 담벼락, 포도나무 넝쿨로 만든 터널 장식 등이 좁은 골목을 장식하고 있다. 카르멘의 배경인 'Corral del Agua' 레스토랑도 있다. 돈 호세와 카르멘과 잘생긴 투우사의 비극적인 만남이 이루어진 곳이다. 사랑과 미움이 동시에 공존하는 양가감정을 보여 준다. 삶이 쉽지 않음을 산타크루스의 미로 골목이 말해 준다. 삶이 쉽지 않을지라도 카르멘은 지독한 사랑꾼으로 남아 있다. 그래서 그녀가 살았던 세비야도 그녀의 사랑으로부터 자유롭지 못하고 사랑의 도시가 되어 버렸다. 세비야에서 사람들은 사랑을 하고, 그 사랑으로 상처를 받는다. 스페인의 유명한 시인 로르카의 시가 이를 절절히 그려 주고 있다.

세비야

세비야는 사랑의 화살을 쏘는
멋진 궁수들로 가득한 탑.

세비야는 사랑의 상처를 내고
코르도바는 사랑으로 죽게 하고.

긴긴 가락을
숨어서 기다리는 도시,
그리고 그것을 미로처럼
똬리 치게 하는,
불타는 포도 덩굴
줄기처럼.

세비야는 사랑의 상처를 받는 곳!

하늘의 무지개 밑
해맑은 평원 위,

세비야는 강에서 끝없는
사랑의 화살을 쏜다.

코르도바는 사랑으로 죽는 곳!

수평선에 미쳐
포도주에 섞는다.
쓰라린 돈 후안의 사랑 맛과
디오니소스의 완벽한 술맛을.

세비야는 사랑의 화살을 쏘네.
세비야는 항상 사랑의 화살로 맞히네!

(페데리코 가르시아 로르카, 137-138)

세비야의 골목 경관

사랑의 정열 이면에는 고단한 실존의 삶이 똬리를 틀고 있다. 카르멘이 새로운 사랑을 찾아 떠나는 것은 부초 같은 인생을 사는 집시 여인의 숙명이다. 생존이 사랑보다 크기에 생존을 위해 또 다른 사랑을 찾아 떠난다. 내일이 보장되지 않는 삶은 내일을 기약하며 사랑을 나눌 여유가 없다. 그래서 그녀는 더욱 진한 사랑을 갈구했는지도 모른다.

세비야의 또 다른 정열은 플라멩코춤이다. 세비야의 골목에서는 플라멩코춤의 화려한 의상, 기타, 소공연장, 호객용 전단지 등을 흔하게 볼 수 있다. 플라멩코의 춤사위는 정열 그 자체이다. 강한 박자, 애절한 노래, 뭇 사내들을 유혹하고도 남을 관능적인 멋을 가진 플라멩코춤은 집시 여인의 춤이다. 하루를 살아야 하는, 아니 버텨야 하는 집시 여인이기에 더욱 강렬하게 그리고 더욱 관능적으로 춤을 추어야 했다. 그렇듯 정열적인 춤 이면에는 그들의 생존이 있다. 살아야 하는 이유만큼 사람을 움직이게 하는 강한 힘은 없다. 스페인 세비야에서 만나는 열정은 생존이다. 생존을 위해 담배공장에서 일을 해야 했고, 길거리에서 춤을 추어야 했다. 그것이 이제 스페인의 문화가 되어 세비야를 지배하고 있다. 여행자는 그 문화의 한 자락을 체험하고자, 그리고 그 장소를 경험하고자 세비야의 좁은 골목을 걷는다.

세비야의 거리는 이름표를 달고 있다. 세상 사람들이 잘 볼 수 있도록 멋을 부려서 거리 이름을 보여 주고 있다. 거리 이름은 공유되어야 한다. 공유되지 않는 거리명은 존재 가치가 없다. 자신만을 위한 은밀한 거리가 아닌 한 모든 길거리의 이름은 공공재이다. 세비야의 거리 이름은 멋진 장식을 가진 공공재로서 기능을 다하고 있다. 길거리 건물의 모서리, 곧 도로의 각진 곳에는 어김없이 거리의 이름표가 붙어 있다. 사람들 눈에 띄기 쉬운 벽면에, 사각형의 청화자기 타일에 고딕체로 거리 이름을 적어서 붙여 두고 있다. 건물 주인은 이런 방법으로 지나가는 사람에게 길 안내를 해 주는 기능을 담당하고 있다. 어떤 주인은 파란색의 아름다운 문양으로 표지판에 한껏 멋을 부리기도 했다. 아마도 청화자기 타일의 안내판은 건물주의 품격을 나타내는 것일 게다. 어떤 거리명 표지판은 겨자색의 문양을 넣기도 하고 꽃무늬 장식을 하기도 했다. 거기에는 주인의 강한 이념이 들어가기도 한다. 예를 들어 유럽연합에 강한 지지를 보내는 주인은 "somos comenius!"(우리는 하나다!)라는 글귀를 적어 넣기도 한다. 세비야 시내에서 흔히 볼 수 있는 공공재로서 거리명 표지판 부착은 커다란 집이나 건물을 소유한 자라면 응당 치러야 할 사회적 책무로 보인다.

세비야 도심에는 워낙 복잡한 골목길이 많아서 길이라도 잃으면 큰일이다. 만약의 경우, 곳곳에 붙여 둔 거리의 이름표는 오프라인의 내비게이션인 셈이다. 구글 맵이나 GPS가 없을 때, 그것은 복잡한 골목을 걷는 사람들을 가고자 하는 곳으로 말없이 안내해 준다. 세비야 대

골목의 안내판

성당의 히랄다 탑처럼 온 시민들이 볼 수 있도록 풍향계를 달아 두지는 않았어도 골목의 이름표가 그 기능을 충분히 다하고 있다. 세비야 대성당의 풍향계가 신의 영역인 탑의 맨 꼭대기에서 인간이 살아야 할 방향을 알려 주듯이, 거리의 이름표는 가장 낮은 곳 후미진 모퉁이에서 사람들의 눈높이보다 조금 높은 곳에서 길눈이 되어 준다. 묵묵히 어둡고 각진 곳에 걸려 있는 거리의 이름표는 세비야가 흥했을 때 도시를 찾는 숱한 이방인에 대한 배려가 아니었을까 하는 생각을 해 본다. 즉 일찍이 이베리아반도의 관문 역할을 한 세비야이기에 수없이 밀려오는 사람들을 위한 배려에서 거리의 이름표가 시작되었을 것이다. 그런 배려는 도시의 힘이기도 하다. 거리에 이름표를 붙여 둠으로써 세비야를 찾는 사람들에게 길을 알려 주는 일차적 기능을 수행하고, 더불어 오가는 사람들이 쉽게 위치를 찾도록 하여 거리에서의 매몰비용을 최소화하려는 의도도 있다. 매몰비용을 줄임으로써 지중해 너머에서 온 북아프리카인, 중남미인, 인도인, 중동인 등과의 거래를 신속하게 성사시켰을 것이다. 세비야의 거리 이름표는 타자에 대한 배려가 곧 권력이고 돈이 되던 시대를 증언해 주고 있다. 세비야까지 온 사람들은 대부분 돈을 가진 상인들이었을 것이다. 돈을 쓸 준비가 된 사람들을 환대하는 것은 너무도 당연한 셈법이다. 그리고 세월이 많이 흐른 21세기 신자유주의 시대를 살면서, 살던 곳에서 세상 밖으로 나온 여행자도 타자이다. 세비야 가게의 점원들이 호객을 한다. 들려도 못 들은 척하며 타자의 시선으로 세비야의 골목길을 유영하듯 길 잃을 걱정도 없이 발길 가는 대로 걷는다.

다양한 음식들이 모여서 한상차림으로 변한 타파스

타파tapa는 여행자에게 어울리는 음식이다. 이는 다양한 음식을 고루 먹을 수 있는 독특한 스페인 음식 문화이다. 타파의 어원은 뚜껑이다. 여행자는 어느 곳에서 잠을 청하든지 간에 식사를 해야 한다. 그런데 여행자가 아주 낯선 곳에서 음식을 먹는 일은 생각보다 어려운 일일 수 있다. 동남아 여행 중에 만나는 고수, 멕시코 음식인 타코, 열대 과일인 두리안을 먹는 일은 보통 고역이 아니다. 여행이 편안하려면 일단 음식이 입에 맞아야 한다. 스페인 사람들은 여행자에게 다양한 현지 음식의 맛을 보게 하는 지혜를 생각해 냈다. 식당 주인들은 여행자에게 다양한 음식의 적은 양을 골고루 뚜껑에 담아 맛보기를 청하였다. 여행자는 이 중에서 입맛에 맞는 음식을 찾는다. 음식에 대한 정보와 설명이 부족한 상황일 경우 여행자를 위한 맞춤형 지혜라고 볼 수 있다. 스페인의 타파는 그런 삶의 지혜로부터 태어난 음식 문화이다. 세비야의 도시 곳곳에서 타파스tapas라고 적힌 식당 메뉴판을 흔히 볼 수 있다. 메뉴판에 스페인어로 쓰인 음식 이름을 알기도 어렵고 그림으로도 이해하기 어려울 때 타파는 아주 유용하다. 타파스는 적은 양으로 다양한 음식을 즐길 수 있는 묘미가 있다. 스페인의 음식을 한입에 경험할 수 있는 것이

타파스 메뉴판

다. 지중해라는 독특한 기후와 석회암 지형에서 자라는 과일, 채소 등의 식재료 그리고 대항해 시대에 인도와 아메리카에서 들어온 다양한 향신료 등이 결합하여 오늘날 세비야의 풍부한 음식 문화를 이루었다.

섞여서 아름다운 칵테일 상그리아

스페인의 세비야는 여름에 고온건조한 지중해성 기후여서 포도, 귤, 오렌지, 레몬 등의 과일이 풍부하다. 자기 고장에서 나온 풍성한 식재료를 섞어서 하나의 음료 문화를 만들었으니, 그것이 상그리아sangria이다. 상그리아의 어원인 상그레sangre는 '붉은 피'라는 뜻을 가지고 있다. 그 어원에 부응이라도 하듯, 상그리아의 주재료는 붉은 피를 닮은 적색 포도주이다. 상그리아는 적색 포도주에 이베리아반도에서 생산되는 각종 과일을 작게 잘라 넣어 만든 일종의 칵테일이다. 상그리아는 레몬, 포도, 오렌지 등의 날것과 포도주 등 발효된 것의 조합이다. 즉 이들이 섞여서 맛을 내는 것이다.

상그리아

상그리아는 보통 차갑게 마신다. 투명한 유리잔에 담긴 적색 포도주는 정열적인 인상을 준다. 그리고 상그리아의 붉은 포도주는 강렬한 플라멩코의 춤사위를 닮았다. 댄서의 정열적인 빨간 주름치마는 석양이 토해 낸 붉은 노을보다 더 붉다. 주름치마만큼이나 순탄치 않은 댄서의 인생도 붉다. 기타 연주자의 반주에 맞추어 발바닥에 불이 나도록 춤을 추는 댄서의 삶이 눈에 선하다. 댄서의 삶은 붉은 주름치마의 색에 깔 맞춤을 한 립스틱만큼이나 붉다. 댄서는 세비야 대성당 광장에서 보이는 알카사르의 높디높은 성벽의 바윗돌만큼이나 무거운 삶의 무게를 지니고 있다. 세비야 대성당 광장에서 붉은 상그리아를 마시고 마음의 붉은 기운을 가라앉힌다. 내일도 붉어야 하니 오늘은 이쯤에서 붉은 기운을 몸의 작은 세포에 담아 둔다.

세비야의 붉은 기운은 야만을 낳기도 한다. 투우사의 광기가 그렇다. 태양신에게 붉은 기운을 선사하고 싶은 투우사는 세비야를 비롯한 스페인 곳곳에서 황소에게 창을 던지고 칼끝을 심장에 겨눈다. 투우는 인간의 카타르시스만을 위한 붉은 야만이다. 정열이라는 이름으로 치장한 어리석은 행태인 것이다. 투우는 그 자체가 불공정한 경기이다. 이제 그 야만을 거두어야 한다. 신이 창조한 이 땅의 모든 생명은 다른 존재를 위한 유희의 대상이 되어서는 안 된다. 오늘도 황소는 투우장에서 거친 숨을 몰아쉬며 세상에 붉은 피를 뿌리고 자신의 잘못과 무관하게 생명을 빼앗아 가는 붉은 야만을 거두어 달라고 창조주 야훼에게 소리치고 있다.

투우의 야만은 신대륙 발견 이후 사람을 상대로 한 야만으로 이어졌다. 세비야는 아메리카의 슬픈 열대가 시작된 곳이다. 세비야에서 이사벨 여왕은 콜럼버스로 하여금 새로운 야만을 범하게 하였다. 하지만 스페인은 세비야를 아메리카 발견의 서곡을 연 기념비적인 장소로 생각한다. 세비야 대성당에 안치한 콜럼버스의 무덤과 알카사르 옆 무리요 공원**Jardines de Mullio**에 자리한 아메리카 발견 500주년 기념비가 그것을 웅변해 주고 있다. 스페인은 세비야에서 아메리카에 대한 야만의 역사를 시작하였다. 그 야만으로 인해 아메리카 대륙의 인디언은 붉은 피를 토하며 죽음을 맞았다. 이곳 세비야에서 콜럼버스를 포함한 스페인 사람들이 아메리카로 가져간 것은 총과 균이다. 총은 정복자의 자발적인 무기요, 균은 정복자 자신도 모르게 가져간 비자발적 무기였다. 총은 국가권력이 식민지를 착취하고 찬탈하는 수단이었고, 균은 면역이 부족한 사람들을 죽음으로 몰아넣은 수단이었다. 실제로 아메리카 인디언의 70%는 유럽인이 가져온 홍역이나 전염병으로 죽음에 이르렀다. 아무도 생각하지 못한 균이 세상을 흔들어 버렸다. 문명의 혼탁한 균이 깨끗한 청정의 아메리카를 지배하고 말았다. 식민의 아메리카는 풍토병이라는 방어기제로 스페인 등 제국주의를 방어하였지만 역부족이었다.

무리요 공원에 자리한 콜럼버스의 아메리카 발견 500주년 기념비

세비야의 붉은 기운이 상그리아로 더욱 붉어져 간다. 붉은 상그리아 한 잔에 여행자의 얼굴도 붉어진다. 그러니 세상도 붉어진다. 아침 햇살이 세비야 대성당 광장의 성벽에 드리워지니 성벽마저도 붉어진다. 붉은 기운에 레몬 가로수의 녹색 잎이 보색 대비를 이룬다. 붉은 기운으로만은 세상을 살 수 없나 보다. 다른 것들과의 대비, 혹은 조화를 이루는 것의 소중함을 아침 세비야 거리를 걸으며 생각한다.

사랑을 부르는 장소, 스페인 광장

세비야를 찾는 여행자는 빠짐없이 스페인 광장**Plaza de Espana**을 방문한다. 영화나 드라마에 자주 나오는 장소로, 대중적으로 많이 알려진 곳이기도 하다. 스페인 광장은 세상의 여행자를 불러 모을 만큼 충분히 매력적이다. 고종석은 자신이 스페인 광장을 좋아하는 이유에 대해 "내가 세비야에서 가장 좋아하는 곳은 1929년 이베로-아메리카 박람회 회장으로 쓰기 위해 만들어졌다는 스페인 광장이다. 아취(雅趣)가 그득한 반원형 건물 앞에 스페인 각 주(州)의 역사가 타일화로 묘사되어 있는데, 그 앞을 천천히 걷노라면 한때 대서양을 내해(內海)로 거느렸던 해양 제국의 역사가 상상 속에서 움찔거린다. 그 역사는 역겨운 역사이면서 웅장한 역사다."(고종석, 61)라고 밝히고 있다. 나도 이 의견을 크게 부정하고 싶지는 않다.

이베로-아메리카는 스페인과 포르투갈의 아메리카 식민지 국가들을 의미한다. 그래서 이베로-아메리카 박람회는 스페인과 포르투갈의 제국주의가 아메리카를 효과적으로 착취하고 있음을 세상에 알리고 싶은 욕망을 나타낸다. 1920년대는 제1차 세계대전에서 승리한 후 북아메리카 대륙의 맹주가 된 미국이 민족자결주의를 내세우며 중남미 국가들을 호시탐탐 노리고 있던 시기이다. 스페인 정부는 미국에서 부는 이런 운동을 사전에 차단하여 자국의 식민지 지배를 더욱 공고히 다지고 싶었을 것이다. 스페인은 박람회를 통하여 이베리아반도를 포함한 유럽 대륙에 아메리카 식민지를 자랑하고 소개하려 했다. 또한 식민지에서의 약탈 경제를 소개하고, 거기서 나온 산물들을 식민 제국들에게 팔아서 이익을 극대화하고 싶은 욕망을 드러냈다. 이처럼 스페인 광장은 식민 제국주의의 욕망을 세상에 드러낼 목적으로 만들어졌다. 박람회의 주 행사장으로 사용된 건물은 스페인 건축의 화려함을 보여 주고 있다. 세비야 대성당의 히랄다 탑을 본뜬 건물과 인도 및 광장에는 이슬람 문화인 아라베스크 문양이 곳곳에 새겨져 있다. 또한 세비야는 도자기 산업이 발달하여 도자기로 만든 다양한 타일을 선보이고 있다. 화려하면서 단아한 멋을 주는 도자기 타일은 여행자의 눈을 사로잡기에 충분하다.

약 100년이 지난 지금, 스페인 광장의 용도는 달라졌다. 영화 '스타워즈: 에피소드'의 촬영 장소로 유명세를 타기도 했다. 특히 사진을 찍는 사람들에게 스페인 광장은 최고의 장소이다. 어느 곳, 어느 각도에서 어떻게 사진을 찍더라도 맘에 드는 사진을 찍을 수밖에 없기 때문이다. 또한 넓지 않은 장소에서 다양한 구도로 연출해 사진을 찍을 수 있다. 특히 셀카 시대에 자신을 주인공 삼아 사진 찍기를 좋아하는 젊은 여행자들을 불러들이기에 최적의 장소이다. 파노라마사진을 좋아하는 여행자들에게는 더더욱 안성맞춤의 장소이다. 곡선으로 건축한 박람회

세비야의 에스파냐 광장

에스파냐 광장 다리의 장식물

건물의 양 끝에서 구도를 잡으면 사진 한 장으로 전경을 렌즈에 잡아 파노라마 효과를 누릴 수 있다. 한국의 여행자들이 이곳 세비야를 많이 찾는 것은 스페인 광장에서 플라멩코를 정열적으로 추었던 배우 김태희 덕분이다. 사실 전시장 건물이어서 건물의 내부 용도는 별로 인상적이지 않은 편이다. 화려하면서도 단아한 멋을 가진 건물의 경관이 이곳의 결정적인 매력이다. 건물의 양 끝에는 히랄다 탑을 본떠서 만든 탑이 있다. 회랑, 아치, 계단, 분수대 등으로 이루어진 고전적인 건축미와 인공 수로, 타워, 연속적인 건축물 등이 주는 성채로서의 웅장미 그리고 도자기 타일, 기하학적 문양을 가진 이슬람의 아름다움 등이 돋보이는 장소이다. 이처럼 스페인 광장은 문화의 혼종성을 제대로 보여 주고 있다. 또한 이곳은 야간 조명이 아름답기로 유명하다. 건물보다 화려하지 않으면서 건물을 돋보이게 하는 빛으로 이루어진 조명이다. 스페인 광장은 1893년 마리아 루이사 공주가 산 텔모 궁전의 정원을 기증해서 만든 마리아 루이사 공원Parque de Maria Luisa 안에 있다. 이곳은 시민들의 휴식 공간이자 여행자에게도 쉼을 주는 장소이다. 회화나무 숲길을 걸은 후 잠시 벤치에 앉아 쉬다가 작은 분수대의 물을 보며 다시 길을 걸어 본다.

세비야의 도심은 과달키비르강으로부터 시작한다. 스페인 남부를 관통하여 지중해로 들어가는 강이다. 그 이름처럼 이 강은 '위대한 강'이다. 과달키비르강은 약 657km로 유럽 남부를 관통하면서 풍부한 수량으로 호밀밭을 적시고, 지중해로 들어가기 직전에는 끌고 온 토사를 하구에 쌓아 지구상에서 가장 아름다운 습지를 만들어 놓고 자신의 역할을 마친다. 그리고 과달키비르강은 세비야라는 도시를 만들어 냈다. 풍부한 수량, 파란 하늘을 담은 푸른 강물, 강의 양안을 이어 주는 아름다운 다리, 강 주변의 유적 등이 과달키비르강을 더욱 위대한 강으로 만들었다. 스페인의 위대한 시인 로르카가 과달키비르강의 아름다움을 놓칠 리가 없다.

사랑의 화살을 쏘는 노래들

사랑의 화살을 쏘는 검은 노래꾼들이
세비야로 다가간다.

활짝 열린 과달키비르강.

넓은 테를 두른 잿빛 모자에
느릿느릿 긴 망토를 걸치고,

아이, 과달키비르강이여!

먼먼 사랑의 한(恨)의
고장에서 온 사람들.
활짝 열린 과달키비르강

수정과 돌, 사랑은
하나의 미로를 향한다네.

아이, 과달키비르강이여!

(로르카, 135-136)

과달키비르강은 산책하기에도 좋다. 강은 산 텔모 다리Puente de San Telmo에서 바라볼 때 가장 아름답다. 특히 석양의 붉은 노을이 강물에 투사되고 오래된 돌로 만든 황금의 탑Torre del Oro을 비출 때가 아름답다. 노을이 물든 시간에 강변의 산책로를 걷는 자는 모두 시인이 되고야 만다. 삶을 서두는 사람마저도 이곳에서는 걷고 사색하게 만든다. 붉은 노을은 이성의 철학자도 춤을 추게 한다. 감성이 몸을 지배하는 순간, 이성은 잠시 접어 두어도 좋다.

세비야는 이베리아반도에서 가장 스페인다운 도시이다. 유럽 대륙의 끝에서 유럽 문화를 세계에 알리는 창구로서의 역할을 하였고, 유럽이 시작하는 곳에서 유럽 아닌 곳인 아프리카, 아시아, 아메리카 대륙의 네트워크를 형성해 주고 있다. 세비야는 스페인 문화와 이슬람 문화가 융합되어 문화의 혼종성을 가진 도시이다. 다양한 문화의 융합이 곧 새로운 창조임을 강조하는 시대에 다양성이라는 정체성을 가진 도시이다. 오래된 도시의 면모를 고스란히 간직한 세비야는 아치를 품은 석조건물, 좁은 골목길, 스페인 음식 문화, 카페, 정열적인 플라멩코춤, 카르멘의 사랑까지도 지니고 있는 도시이다. 세비야를 걸으면서 스페인의 문화를 몸으로 느낀다. 이베리아반도의 끝에서 스페인 문화의 진수를 경험한다. 세비야의 어지러운 트램 길을 걸은 후 다시 카페의 테라스에 앉아서 커피를 마신다. 커피 향과 함께 나의 마음은 벌써 또 다른 곳으로의 여행을 꿈꾼다.

세비야 대성당 광장의 경관

참고문헌

견진현. 2015. 니스시의 워터프론트가 갖는 효용적 가치에 관한 고찰. 프랑스문화연구 30. 171-191.

고종석. 2008. 도시의 기억. 개마고원.

곰브리치. 백승길·이종숭 역. 2009. 서양미술사. 예경.

김동윤·김기덕. 2014. 유럽 남부지역 문화콘텐츠 탐사: 프랑스 프로방스 지역을 중심으로. 인문콘텐츠학회 33. 255-284.

니이체. 이병준 역. 1981. 짜라투스트라는 이렇게 말하였다. 신림출판사.

니코스 카잔차키스. 송병선 역. 2008. 스페인 기행. 열린책들.

라이너 마리아 릴케. 황승환 역. 2015. 릴케의 프로방스 여행. 문학판.

레비스트로스. 박옥줄 역. 1998. 슬픈 열대. 한길사.

박상필. 2012. 도시 활력의 중심공간, 광장 만들기. BDI 포커스 151. 1-12.

손경애. 2008. 미술비평가 졸라, 세잔 그리고 『작품』, 한국프랑스학논집 63. 255-278.

알퐁스 도데. 전채호 역. 2001. 별. 혜원출판사.

이종세. 2013. 시냑과 아비뇽 다리. 대한토목학회지 61(1). 115-120.

장니나. 2013. 11. 20. 이민자들의 관문 혹은 언덕의 도시. 교수신문.

장다혜. 2011. 프로방스에서 느릿느릿. 앨리스.

페데리코 가르시아 로르카. 민용태 역. 2008. 로르카 시 선집. 을유문화사.

피터 메일. 강주헌 역. 2004. 나의 프로방스. 효형출판.

한나 아렌트. 김선욱 역. 2006. 예루살렘의 아이히만. 한길사.

홍석기. 2009. 코발트빛 바다를 품은 프로방스의 항구도시, 마르세유. 국토 327. 82-87.